[加] 田家明　林琦钞　王少方　刘子涵　编著

家明托育运营全书

保教操作手册

清华大学出版社

北京

北京市版权局著作权合同登记号　图字：01-2025-3610

图书在版编目（CIP）数据

家明托育运营全书：保教操作手册 /(加) 田家明等编著. -- 北京：清华大学出版社，2025. 9.

ISBN 978-7-302-70235-1

Ⅰ. G618-62

中国国家版本馆 CIP 数据核字第 2025LN3358 号

责任编辑：陆浥晨
封面设计：李召霞
责任校对：王荣静
责任印制：刘　菲
出版发行：清华大学出版社
　　　　网　　　址：https://www.tup.com.cn，https://www.wqxuetang.com
　　　　地　　　址：北京清华大学学研大厦 A 座　　　　　　邮　　编：100084
　　　　社 总 机：010-83470000　　　　　　　　　　　　　邮　　购：010-62786544
　　　　投稿与读者服务：010-62776969，c-service@tup.tsinghua.edu.cn
　　　　质 量 反 馈：010-62772015，zhiliang@tup.tsinghua.edu.cn
印 装 者：北京鑫海金澳胶印有限公司
经　　销：全国新华书店
开　　本：260mm×185mm　　　　印　张：12.25　　　　字　数：238 千字
版　　次：2025 年 9 月第 1 版　　　　　　　　　　　印　次：2025 年 9 月第 1 次印刷
定　　价：59.00 元

产品编号：108527-01

在 0～3 岁这个关键阶段，婴幼儿的身心发展迅速，认知、语言、社交和情感能力逐步形成。这个阶段的经历对于婴幼儿未来的发展至关重要，因此，我们怀着极高的期望和责任感，制定了 0～3 岁托育照护标准。我们期望通过托育照护标准的实施，为婴幼儿创造一个温馨、安全、充满爱的成长环境，激发他们的好奇心和求知欲，促进他们全面发展。我们希望每一个婴幼儿都能够在这个重要的阶段感受到关爱和支持，形成明心、坚毅、自由的个性与品质。

托育行业的教师，是 0～3 岁婴幼儿成长过程中至关重要的陪伴者和引导者。因此，他们需要具备丰富的教育背景和专业的婴幼儿照护经验。婴幼儿发展心理学、早期教育理论等是他们必备的基础知识。此外，教师还需要有教育实践经验，具备良好的沟通能力和情感表达能力，能够与婴幼儿建立起稳固的情感联系，引导他们积极地参与各种活动。与此同时，教师还应该与家长保持密切的联系和合作，形成家园共育的良好氛围。

本书中的托育照护标准为教师提供了明确的指导和规范，使其能够更加系统地进行教育和照护工作。托育照护标准要求教师根据每个婴幼儿的特点和需求制订个性化的教育计划和照护方案，确保每个婴幼儿都能得到最适合他们的关爱和支持。与此同时，托育照护标准明确规定了托育环境的安全标准和应急预案，确保婴幼儿在托育机构中的安全。这包括对环境设施的检查和维护、对潜在危险的防范和控制，以及对教师安全意识的培养。托育照护标准要求为婴幼儿提供营养均衡的饮食、定期的健康检查和过敏监控等措施，保障婴幼儿健康成长。教师会定期观察婴幼儿的健康状况，并及时与家长沟通和合作，确保婴幼儿得到及时的医疗护理。同时，托育照护标准还鼓励教师与家长共同为婴幼儿制定一个健康的生活方式，为婴幼儿的健康打下坚实的基础。这不仅提高了教师的专业水平，也保障了婴幼儿在托育机构中的安全和健康。同时，托育照护标准还鼓励教师不断学习和进步，推动托育行业的发展。

对于家长而言，托育照护标准为他们提供了信心和保障。家长可以放心地把婴幼儿交托给托育机构，相信婴幼儿将会得到专业、细心的照顾和教育。托育照护标准也为家长提供了参考和指导，帮助他们更好地与托育机构合作，以便共同关注婴幼儿的成长和发展。

　　综上所述，0～3岁托育照护标准的制定旨在为婴幼儿提供一个全面发展、个性化关怀的成长环境。我们期待托育照护标准的制定和实施不仅能够提高托育机构的专业水平，也能够增强家庭和婴幼儿的信心和安全感，促进婴幼儿健康、幸福和全面发展。我们期待着，在家长、教师、托育机构的共同努力下，每一个婴幼儿都能够在温馨、健康的成长环境中苗壮成长。

目 录
CONTENTS

一、仪容仪表

1. 安全性：服装注重安全性，避免有吊带、流苏、尖角等容易造成婴幼儿安全风险的设计元素。

2. 整洁得体：穿着整洁、干净的服装或统一的园服，避免过于花哨或引人注意的服饰，保持良好的仪态，以展现专业形象。头发应该保持整洁，避免夸张发色，并根据园区的要求进行束发，严禁佩戴饰品，可着淡妆，短甲无色、边缘圆润。

3. 亲和温暖：面容温和亲切，给予婴幼儿安全感和信任感。

二、语言沟通

1. 婴幼儿化语言：使用简单明了的、婴幼儿熟悉的词汇和句型，同时也要在语言上提供相对应的支架与挑战，以促进婴幼儿的语言发展。

2. 与家长沟通：

清晰简洁。教师在与家长交流时，应尽量避免使用复杂的词汇和长句子，而是使用简洁明了的语言介绍婴幼儿的情况，以确保信息的准确传达和被理解。

亲和温暖。教师应用温和亲切的语气与家长交流，给予家长充分的关注和尊重，让家长感受到关怀和信任，促进双方的良好合作。

尊重和包容。教师应尊重每个家庭的文化背景和价值观念，避免使用带有歧视性或偏见性的言辞，以确保沟通的平等和尊重。

有效沟通。教师应善于倾听家长的意见和建议，积极解决存在的问题和困扰，确保沟通内容的真实性和有效性，以促进家庭和托育机构之间的良好合作。

三、教育心态

1. 面对婴幼儿：教师面对婴幼儿应保持开放、包容的心态，尊重和理解每个婴幼儿的个性特点和情感需求。同时，保持耐心、温和与关爱的态度，倾听并积极回应婴幼儿的需求和表达，促进他们的情感发展和自我认知。在教学过程中，教师应鼓励婴幼儿发展好奇心和探索欲，引导他们积极参与学习，建立积极的学习心态和自信心。

2. 面对家长：教师应理解家长的焦虑，尊重家长的个人情况和需求，耐心倾听对方的意见和合理建议，并提供有效的支持与反馈。与家长建立良好的沟通和合作关系，及时分享婴幼儿在托育环境中的表现和进展，共同制定适合婴幼儿的培养方案和目标。

四、价值观

1. 尊重和理解：教师应尊重每个婴幼儿的独特性和个性发展，理解他们的需求和情感，给予足够的关爱和支持。

2. 专业责任感：教师应认识到自己的职责是保护婴幼儿的安全和健康，提供良好的学习环境和体验，并积极参与婴幼儿的成长和发展。

3. 遵守职业道德：教师应遵守托育行业的职业道德准则，包括保护婴幼儿的隐私和安全，不泄露敏感信息，不对婴幼儿进行体罚或者其他侵犯其尊严的行为；严格遵守机构规定的沟通渠道，不私下添加家长的联系方式；不利用职务之便谋取个人私利，不参与任何可能导致利益冲突或道德风险的活动。

4. 遵守法律法规：教师应遵守相关法律法规，包括托育机构的规章制度、儿童保护法等，保障婴幼儿的合法权益和利益。明确拒绝收受家长或婴幼儿的礼物，以确保工作的公正和中立性。

育儿教师职责说明

为了逐步提升教师的责任与能力，以满足不同阶段婴幼儿成长的需求，教师在托育机构的工作内容与职责安排如下。

1. 初级育儿教师的主要职责包括负责班级的卫生消毒工作，保障婴幼儿的健康环境；承担基础的保育照护工作，如喂养、更换尿布等日常护理任务；协助其他教师进行教育辅助工作，如准备教材、整理教室等。

2. 中级育儿教师在承担初级育儿教师职责的同时，还加入教学组织，参与课程设计和教学计划的制订，并承担一定的教学任务，如组织晨间运动、带领小组活动等，以促进婴幼儿的全面发展。

3. 高级育儿教师除了承担初级和中级育儿教师的职责外，还负责对教育工作进行研究，并组织其他教师开展教研活动，以提高教育质量和教师的专业水平；参与园区的亲子活动和讲座策划，与家长进行沟通交流，共同促进家园共育，为婴幼儿的全面发展提供更加丰富的教育资源。

初中高级育儿教师工作站

初中高级育儿教师工作站有不同的工位操作检查表（station operation checklist，SOC）与标准操作流程（standard operating procedures，SOP），SOC 和 SOP 是为育儿教师提供的系统化指导工具，一个 SOC 包含一个或多个 SOP，用于详细检查和确认各项操作步骤是否正确执行，旨在确保教师在不同级别的育儿工作站中按照统一、科学的标准执行日常任务。通过明确和规范操作流程，这些指导工具有助于提高教育和护理的质量，保障儿童的安全和健康。

初级育儿教师工作站

一、婴幼儿健康与安全

（一）卫生与消毒

定义：为了增进园区全体人员健康，预防疾病，采取个人的、班级的与园区的卫生措施以改善和创造合乎生理、心理需求的环境，并采用科学的物理、化学方式，杀灭外界的病原体，避免其侵入人体而致病。

意义与目的：0～3 岁的婴幼儿身体抵抗力较弱，容易受到疾病的侵害。科学的卫生消毒措施可以有效控制园区内婴幼儿常见传染病（手足口病、流行性感冒、水痘等）、新发传染病（禽流感等）的发生和传播，对婴幼儿及园区工作人员的健康至关重要。

原则：清洁卫生与预防性消毒并重，面临传染病威胁时应增加消毒频次与浓度。

组成：
1. 布质物品清洁及消毒（见表 1）
2. 玩具筐、玩具清洁及消毒（塑料）（见表 2）
3. 玩具筐、玩具清洁及消毒（木质）（见表 3）
4. 图书消毒（纸质图书）（见表 4）
5. 玩具清洁及消毒（洗碗机）（见表 5）
6. 奶瓶、安抚奶嘴、杯子清洁及消毒（见表 6）

7. 餐后围兜清洗（见表 7）　　　　　　　　8. 洗手池及洗浴池清洁及消毒（含拖把池）（见表 8）

9. 马桶清洁及消毒（见表 9）　　　　　　　10. 地面清洁及消毒（见表 10）

11. 床垫清洁及消毒（见表 11）　　　　　　12. 桌面清洁及消毒（见表 12）

13. 台面、柜体清洁及消毒（见表 13）　　　14. 呕吐物处理（见表 14）

15. 洗碗机清洗餐具、奶瓶（见表 15）

注意事项：

- 所有物品的清洁消毒都必须按照"清—消—清"的程序进行，并使用专门的容器和清洁工具。
- 消毒频次：除特定玩具、图书外，其余物品需要每日进行消毒。
- 日常消毒时要注意开窗，保持空气流通。正常情况下，每日至少通风 3 次，早中晚各达 30 分钟以上（或打开新风系统）。
- 消毒液要选择稀释的 84 消毒液，日常消毒液配比为 1 片 500 mg/粒的消毒片配 1 L 的水，出现传染疾病时比例翻倍。
- 每次消毒工作完成后要及时填写清洁消毒记录表。

卫生与消毒工作站

表1　检核项目：布质物品清洁及消毒

物品准备	SOP 流程&SOC 检核操作内容	SOC 知识检核	操作指南	备注
○ 物品收纳筐、粗盐及适宜物品大小的密封袋、消毒杀菌洗衣液、布质物品、紫外线消毒灯 ○ 班级消毒登记表	**流程 1　物品分类** ○ 将布质物品按照消毒方法进行分类。 洗衣机：枕套等可脱除清洗的物品 粗盐：毛绒玩具 紫外线消毒：除上述以外的物品 **流程 2　洗衣机清洁** ○ 将适宜洗衣机清洁的物品放入洗衣机内，设置功能和时长，倒入指定的消毒杀菌洗衣液，开始清洗。 ○ 清洗后，拿出晾晒。 **流程 3　粗盐吸附** ○ 准备一袋粗盐（大粒或工业用盐）、一个塑料袋。 ○ 将脏了的毛绒玩具放进塑料袋中，放入适量的粗盐，然后系住口袋，使劲摇晃。 ○ 摇晃几分钟后，观察袋中的盐粒是否变色，如果颜色变深或呈灰黑色，说明清洁有效。 ○ 当玩具局部清洁不到位时，可以将盐倒在比较脏的地方用力搓洗，以达到清洁吸附效果。 **流程 4　紫外线消毒** ○ 将所有物品在紫外线灯下消毒 30 分钟。 ○ 将晾干后的玩具收集到玩具筐内，最终放到玩具架上。 **流程 5　填写** ○ 根据各班实际消毒方式及频率填写班级消毒登记表。	○ 布质物品的清洗消毒有哪些方法？ ○ 进行布质物品的清洗消毒时需要准备哪些材料？ ○ 如何区分布质物品的清洗消毒办法？	**操作时间：** 每周五消毒一次，如果出现传染病，当天立刻安排一次。 **注意事项：** 1. 遇到晴天，将所有物品转移到室外进行暴晒消毒。 2. 粗盐在使用完后，立即进行妥善处理，避免其他人接触。	□操作顺序无误 □操作方法无误 □口述内容无误 ——————— 是否需要再次考核 □是　　□否 ——————— □操作顺序无误 □操作方法无误 □口述内容无误 ——————— △通过 △未通过

注：备注中的内容适用于 SOP 操作考核，当教师第一次考核后，培训师或园长根据实际操作情况，判断其是否需要参加第二次考核，是否通过。

表 2　检核项目：玩具筐、玩具清洁及消毒（塑料）

物品准备	SOP 流程&SOC 检核操作内容	SOC 知识检核	操作指南	备注
○ 一条清洁毛巾、刷子、清洁盆、消毒盆、手套、喷壶、 ○ 班级消毒登记表	**流程 1　收集** ○ 将塑料玩具连筐从玩具柜中取出拿到卫生间。 **流程 2　清洁** ○ 将玩具倒入清洁盆，并加入清水，清水要没过玩具。 ○ 清洗玩具，有污迹的部分要用毛巾反复擦拭。 ○ 将清洗干净的玩具放入沥水收纳筐中。 ○ 将污水倒入水池。 **流程 3　消毒** ○ 按 1 L∶500 mg 的比例在消毒盆中配制消毒水，等待溶解完全后使用。 ○ 将玩具倒入配制好的消毒水中浸泡，水量没过玩具，浸泡消毒时间为 15～30 分钟。 ○ 消毒时间到后捞出玩具放入收纳筐，把消毒盆中的消毒水倒入便池。 **流程 4　清洁** ○ 将消毒后的玩具倒入清洁盆，并加入清水，清水要没过玩具。 ○ 双手搓洗玩具，清除玩具上的消毒液，换 2～3 次清水清洗。 ○ 清洗干净后，用干净毛巾逐个擦拭玩具上的水分，并将擦拭后的玩具放入收纳筐中。 ○ 将收纳筐的玩具倒在消毒过的桌面上进行晾干。 ○ 将晾干后的玩具收集到玩具筐内，并放回指定位置。 **流程 5　收纳** ○ 将清洁毛巾、干净毛巾、手套、收纳筐、清洁用盆归位。 **流程 6　填写** ○ 根据各班级实际消毒方式及频率填写班级消毒登记表。	○ 正常情况下，每周几对玩具与玩具筐进行消毒？ ○ 在特殊期间（如疾病传染期）消毒的频率是多少？ ○ 玩具需要在消毒液中浸泡多久？ ○ 对破损或有霉点的玩具应如何处理？ ○ 带有金属部件的玩具该如何处理？ ○ 什么情况下玩具应用紫外线灯照射消毒？ ○ 玩具应该如何进行紫外线灯照射消毒？	**操作时间：** 每周三、周五。 **操作要领：** 1. 教师定期检查玩具有无损坏，如有破口裂痕等情况要及时处理。 2. 如乳儿班，请老师准备一个专门盛放婴幼儿"吃"过的玩具的玩具筐，并随时将使用过的玩具收起来，再统一浸泡消毒处理。 3. 正常情况下每周三、周五进行玩具大消毒，在传染病期间，每天消毒。 4. 日常每天下班后，将当日使用过的玩具平铺，在紫外线灯下面进行消毒。 5. 如检查发现玩具有发霉污点现象，要及时处理和更换。	□操作顺序无误 □操作方法无误 □口述内容无误 ——————— 是否需要再次考核 □是　　□否 ——————— □操作顺序无误 □操作方法无误 □口述内容无误 ——————— △通过 △未通过

表 3   检核项目：玩具筐、玩具清洁及消毒（木质）

物品准备	SOP 流程&SOC 检核操作内容	SOC 知识检核	操作指南	备注
○ 清洁毛巾、牙刷、手套、收纳筐、酒精、清洁盆、消毒盆 ○ 班级消毒登记表	**流程 1 收集清理** ○ 教师或保育教师戴上手套，把木头玩具收集至收纳筐。 **流程 2 清洁** ○ 用干燥的毛巾擦拭玩具，除去灰尘。 **流程 3 消毒** ○ 将酒精均匀地喷洒在玩具上，静置 5～15 分钟。 **流程 4 清洁** ○ 清洁盆盛清水，打湿清洁毛巾。 ○ 用清洁毛巾逐个擦拭玩具上的酒精，将擦拭后的玩具放入收纳筐中。 ○ 将收纳筐中的玩具倒在消毒过的桌面上，晾一个小时以上。 ○ 将晾干后的玩具收集到玩具筐内，并放回指定位置。 **流程 5 收纳** ○ 将清洁毛巾、清洁盆、酒精依次归位放置。 **流程 6 填写** ○ 根据各班实际消毒方式及频率填写班级消毒登记表。	○ 正常情况下，每周几对玩具与玩具筐进行消毒？ ○ 在特殊期间（如疾病传染期）消毒的频率是多少？ ○ 针对乳儿班"吃"玩具的情况，教师应做些哪些准备避免细菌传播？ ○ 对破损或有霉点的玩具应如何处理？	**操作时间：** 每周五。 **操作要领：** 1. 清洁过程中注意检查玩具是否出现裂口、发霉，如有以上情况应及时取出处理和更换。 2. 正常情况下每周五对木头玩具进行酒精消毒，在传染病期间，每天消毒。 3. 日常每天下班后，可将当日使用过的玩具平铺在紫外线灯下进行消毒。 4. 将乳儿班宝宝啃咬后的玩具放置专门的收纳筐内，下班后一起清洗消毒。	□操作顺序无误 □操作方法无误 □口述内容无误 ——————— 是否需要再次考核 □是 □否 ——————— □操作顺序无误 □操作方法无误 □口述内容无误 ——————— △通过 △未通过

表 4　检核项目：**图书消毒（纸质图书）**

物品准备	SOP 流程&SOC 检核操作内容	SOC 知识检核	操作指南	备注
○ 需要消毒的纸质图书、紫外线消毒灯 ○ 班级消毒登记表	**流程 1　收集** ○ 检查班级中的图书是否有脏污（婴幼儿触摸脏污图书后可能会将细菌病毒带入口中，引起健康问题）。 ○ 将需要消毒的图书放在桌面上。 ○ 将图书打开竖立放在桌面上，图书内各对开页分开。 ○ 消毒前检查图书内外部是否存在污渍，并用湿毛巾清洁。 **流程 2　消毒** ○ 桌面应距离紫外线消毒灯 2 米内。 ○ 关闭门窗，打开紫外线消毒灯并迅速离开当前环境，将紫外线消毒灯时间设置为 30 分钟。 ○ 消毒完成后，关闭紫外线消毒灯。 **流程 3　收纳** ○ 将桌面上的书籍整理叠放在一起。 ○ 将图书整齐摆放在书架上。 **流程 4　填写** ○ 根据各班实际消毒方式及频率填写班级消毒登记表。	○ 为什么要定期对图书进行消毒？ ○ 列举图书可能遭到污染的两种情况。 ○ 介绍纸质图书消毒的全流程。 ○ 列举日常图书消毒的两种方式。 ○ 说出图书消毒的时间。 ○ 在图书消毒过程中应如何保护自己？	**操作时间：** 每周五。 **注意事项：** 1. 图书内各对开页分开。 2. 阳光充足的时候可直接将图书放于户外进行暴晒消毒。	□操作顺序无误 □操作方法无误 □口述内容无误 是否需要再次考核 □是　　□否 □操作顺序无误 □操作方法无误 □口述内容无误 △通过 △未通过

表 5　检核项目：玩具清洁及消毒（洗碗机）

物品准备	SOP 流程&SOC 检核操作内容	SOC 知识检核	操作指南	备注
○ 清洁毛巾、收纳筐 ○ 班级消毒登记表	**流程 1　物品准备** ○ 将需要清洗的玩具放入清洁盆中，准备一条清洁毛巾。 **流程 2　清洁** ○ 用清洁毛巾拂去玩具表面灰尘，再依次放入洗碗机中。 ○ 设置洗碗机的操作功能为消毒模式。 **流程 3　消毒** ○ 阳光充足时，将玩具放在户外进行暴晒消毒。 **流程 4　收纳** ○ 将玩具归位。 ○ 将收纳筐、清洁毛巾依次归位。 **流程 5　填写** ○ 根据各班实际消毒方式及频率填写班级消毒登记表。	○ 正常情况下，每周几对玩具进行消毒？ ○ 在特殊期间（如疾病传染期）消毒的频率是多少？ ○ 针对乳儿班"吃"玩具的情况，教师应如何预防细菌传播？ ○ 对破损或有霉点的玩具应如何处理？ ○ 在操作中如何保护自己不被蒸汽烫伤？	**操作时间：** 每周五；传染病流行期间，每天消毒。 **注意事项：** 1. 将玩具倒扣在洗碗机内。 2. 小心被蒸汽烫伤。 3. 如不能及时清洁，需在班级中准备一个"玩具待清洁筐"，将使用后的玩具放入，不再重复拿出。	□操作顺序无误 □操作方法无误 □口述内容无误 是否需要再次考核 □是　　□否 □操作顺序无误 □操作方法无误 □口述内容无误 △通过 △未通过

表 6　检核项目：奶瓶、安抚奶嘴、杯子清洁及消毒

物品准备	SOP 流程&SOC 检核操作内容	SOC 知识检核	操作指南	备注
○ 奶瓶筐、奶瓶刷、奶嘴刷、吸管刷 ○ 奶瓶洗涤剂（供装母乳的奶瓶使用） ○ 班级消毒登记表	**流程 1　收集** ○ 将要清洗的奶瓶、水杯、安抚奶嘴收集至清洗池旁。 ○ 将容器里剩余的液体倒入清洗池内。 ○ 将奶瓶、水杯各部分拆开，分为瓶身、奶嘴、杯盖、吸管。 **流程 2　清洁** ○ 在流动水中，用奶嘴刷清洗奶嘴及瓶口，注意奶嘴刷不要戳破奶嘴。 ○ 将吸管刷插入吸管内，旋转吸管刷，将吸管清洗干净。 ○ 用奶瓶刷仔细刷洗奶瓶及水杯内部，包括螺纹处和瓶口处。 ○ 将清洗干净的各部分分别放置在沥水架上。 **流程 3　消毒** ○ 将奶瓶放在消毒柜内进行臭氧消毒 30 分钟，每次使用后均须消毒。 **流程 4　收纳** ○ 消毒完成后取出，将安装好的奶瓶放入奶瓶收纳筐里。 **流程 5　填写** ○ 根据各班实际消毒方式及频率填写班级消毒登记表。	○ 在什么情况下须对奶瓶进行消毒？ ○ 当有多个奶瓶需清洗时应如何做？ ○ 奶瓶、奶嘴与杯子的清洗消毒在哪里进行？ ○ 请说出奶瓶及杯子拆洗的方式。 ○ 请说出奶瓶放在消毒柜内消毒的时间。 ○ 请说明奶瓶消毒的频率。 ○ 如何分辨不同的奶瓶归属于哪位婴幼儿？	**操作时间：** 喝完奶一小时内。 **注意事项：** 1. 每个婴幼儿的奶瓶要逐个清洗，不得将所有奶瓶混合在一起清洗。 2. 每个奶瓶瓶身及奶瓶盖须贴上对应婴幼儿的名字，以便识别。 3. 在消毒柜上层进行消毒，放置奶瓶时请勿靠近消毒灯管。 4. 安抚奶嘴清洗消毒流程同上，须在进行清洗流程以后放入消毒柜进行臭氧消毒 30 分钟。 5. 水杯每天带回，每周五提醒家长对婴幼儿的物品进行消毒。	□操作顺序无误 □操作方法无误 □口述内容无误 ————— 是否需要再次考核 □是　　□否 ————— □操作顺序无误 □操作方法无误 □口述内容无误 ————— △通过 △未通过

表 7   检核项目：餐后围兜清洗

物品准备	SOP 流程&SOC 检核操作内容	SOC 知识检核	操作指南	备注
○ 围兜、干净的筐或篮子、洗涤剂 ○ 班级消毒登记表	**流程 1 整理与收集** ○ 将围兜收集在筐里或篮子里。 ○ 将围兜内食物残渣倒入垃圾桶。 **流程 2 洗涤剂及清水清洁** ○ 使用洗涤剂逐个清洗围兜，注意清洁围兜里面的油渍。 ○ 使用清水或流动水清洗围兜，将清洗过的围兜放到干净的筐里或篮子里。 **流程 3 悬挂晾晒** ○ 将洗干净的围兜挂在班级的挂钩上晾晒。 **流程 4 填写** ○ 根据各班实际消毒方式及频率填写班级消毒登记表。	○ 在什么情况下须对围兜进行清洗? ○ 如婴幼儿的围兜出现霉渍且清洗不掉,应如何处理? ○ 围兜带回家中消毒的频率是多少? ○ 请说出围兜消毒的两种方式。	**操作时间:** **注意事项:** 1. 如个别婴幼儿的围兜已旧或有霉渍清洗不掉,请及时告知家长,重新购置。 2. 定期检查围兜材质,建议最好使用硅胶等易干材质。 3. 阳光好的时候将围兜拿到户外暴晒,下班时用紫外线灯照射消毒(摆在紫外线灯下)。	□操作顺序无误 □操作方法无误 □口述内容无误 —————— 是否需要再次考核 □是 □否 —————— □操作顺序无误 □操作方法无误 □口述内容无误 —————— △通过 △未通过

表8 检核项目：洗手池及洗浴池清洁及消毒（含拖把池）

物品准备	SOP 流程&SOC 检核操作内容	SOC 知识检核	操作指南	备注
○ 消毒片、喷壶、清洁毛巾、清洁刷、清洁剂、手套 ○ 班级消毒登记表	**流程1 准备** ○ 教师戴上清洁手套。 **流程2 清洁** ○ 用流动的水将残渣或其他杂物冲到排水口。 ○ 清理排水口的残渣。 ○ 必要的地方用清洁毛巾进行擦拭。 **流程3 消毒** ○ 将洗浴池排水口的盖子或洗手池的盖子盖上。 ○ 取出提前配制好的消毒水（配比为1 L水：500 mg消毒片）。 ○ 将消毒水均匀喷洒在洗手池及洗浴池上，静置15分钟。 **流程4 清洁** ○ 用流动的水冲掉消毒水，至少冲15秒。 **流程5 填写** ○ 根据各班实际消毒方式及频率填写班级消毒登记表。	○ 洗手池的清洗和消毒频率是多少？ ○ 洗浴池的清洗消毒频率是多少？ ○ 在洗浴池清洗过程中，应检查哪些安全隐患？ ○ 洗浴池内的防滑垫使用后应如何处理？ ○ 防滑垫在什么情况下使用？	**操作时间：** 洗手池每天下班前消毒一次，洗浴池每次用后消毒。 **注意事项：** 1. 洗手池里不倒入易堵塞的物体，排水口要及时用水塞盖住。 2. 检查洗浴池是否有安全隐患，如伸缩淋浴头松动或损坏等。 3. 生活物品禁止在洗浴池内清洗。 4. 清洗便便时，要在池子里铺上防滑垫。使用后将防滑垫清洁消毒并晾晒。	□操作顺序无误 □操作方法无误 □口述内容无误 是否需要再次考核 □是 □否 □操作顺序无误 □操作方法无误 □口述内容无误 △通过 △未通过

表 9　检核项目：马桶清洁及消毒

物品准备	SOP 流程&SOC 检核操作内容	SOC 知识检核	操作指南	备注
○ 清洁毛巾、消毒毛巾、消毒片、消毒喷壶、消毒盆、手套 ○ 班级消毒登记表	**流程 1　清洁** ○ 教师戴上手套，用流动水揉搓清洁毛巾，拧至半干。 ○ 将清洁毛巾对折成方形，从上至下、从左至右擦拭马桶上的灰尘、污迹。 ○ 擦拭后用流动水搓洗清洁毛巾。 ○ 用马桶刷清洗马桶内壁。 ○ 按下冲水键冲洗马桶内壁。 **流程 2　消毒** ○ 取出配制好的消毒水（配比为 1 L 水：500 mg 消毒片）。 ○ 将消毒水喷洒至马桶的内部和外部，静置 15 分钟。 **流程 3　清洁** ○ 按照上述清洁步骤对消毒后的马桶进行清洁。 **流程 4　收纳** ○ 将毛巾挂于指定位置，将剩余消毒液放置于吊柜。 **流程 5　填写** ○ 根据各班实际消毒方式及频率填写班级消毒登记表。	○ 请说出马桶的清洁和消毒频率。 ○ 在传染病流行期间，马桶应如何消毒？ ○ 日常期间马桶的消毒应如何进行？ ○ 清洁马桶时要着重检查哪些安全隐患？ ○ 请说出马桶清洁毛巾的使用规则。	**操作时间：** 每日。 **注意事项：** 1. 日常可以用酒精一用一喷。传染病流行期间必须用 84 消毒液一用一消。 2. 在清洁时，注意检查马桶盖及马桶圈是否松动，如果有，及时上报。 3. 用于马桶清洁的毛巾应单独收纳，以避免与其他毛巾混用。	□操作顺序无误 □操作方法无误 □口述内容无误 _____ 是否需要再次考核 □是　　□否 _____ □操作顺序无误 □操作方法无误 □口述内容无误 _____ △通过 △未通过

表 10　检核项目：地面清洁及消毒

物品准备	SOP 流程&SOC 检核操作内容	SOC 知识检核	操作指南	备注
○ 喷壶、拖把、扫把、水桶、手套、消毒片 ○ 班级消毒登记表	**流程 1　准备** ○ 佩戴好手套，将地面物品归置整齐。 **流程 2　清洁** ○ 用清洁拖把按照从里到外的顺序将地面拖干净。 **流程 3　消毒** ○ 取出喷壶，拧开喷壶盖装入 1 L 清水，取出一颗消毒片放入喷壶，配制 1 L 水：500 mg 消毒片的消毒水。 ○ 将喷壶口对准地面，从教室左面向右面均匀喷洒消毒水。 ○ 静置 15～30 分钟。 **流程 4　清洁** ○ 使用消毒拖把按照从里到外的顺序拖地，清除地面消毒水。 ○ 将使用后的拖把布取下冲洗，揉搓干净，拧至半干。重复拖至地面干净，无消毒水残留。 **流程 5　收纳** ○ 把洗干净的拖把布挂到指定位置。 ○ 把喷壶里剩余的消毒水倒入便池并清洗喷壶内残留的消毒水。 **流程 6　填写** ○ 根据各班实际消毒方式及频率填写班级消毒登记表。	○ 正常情况下，全区地面清洁的频率为多少？ ○ 午餐后应如何进行地面清洁？ ○ 正常情况下地面清洁消毒水的配比是多少？ ○ 疾病传染期消毒水配比有什么变化？ ○ 清扫地面应按照什么顺序进行？ ○ 地面清洁过程中为什么要佩戴手套？	**操作时间：** 每日下班前。 **注意事项：** 消毒水配比：1 L 水：500 mg 消毒片，出现传染病时比例翻倍。	□操作顺序无误 □操作方法无误 □口述内容无误 ———— 是否需要再次考核 □是　　□否 ———— □操作顺序无误 □操作方法无误 □口述内容无误 ———— △通过 △未通过

表 11   检核项目：床垫清洁及消毒

物品准备	SOP 流程&SOC 检核操作内容	SOC 知识检核	操作指南	备注
○ 清洁盆、清洁毛巾、手套、紫外线灯 ○ 班级消毒登记表	**流程 1 清洁地面** ○ 清洁地面三遍（清—消—清），做到地面无污物、无水渍、无其他尖锐物品。 **流程 2 准备清洁用品** ○ 教师戴好手套，准备一个清洁盆。 **流程 3 清洁与摆放** ○ 盆内盛一半清水，将清洁毛巾打湿，拧至半干。 ○ 依次拿出床垫，去除床笠，用清洁毛巾轻轻擦拭一遍床垫。 ○ 将清洁后的床垫平铺在教室干净地面上，每个床垫距离 10～15 厘米。 **流程 4 紫外线灯照射消毒** ○ 使用紫外线灯进行消毒，时间为 30 分钟。 ○ 将床垫翻面消毒 30 分钟。 **流程 5 收纳** ○ 将消毒过的床垫收纳至床上用品柜中。 ○ 将清洁用具依次放回原位。 **流程 6 填写** ○ 根据各班实际消毒方式及频率填写班级消毒登记表。	○ 请说出正常情况下床垫的消毒时间。 ○ 床垫消毒前应注意什么？ ○ 使用紫外线灯消毒应保证床垫两面都能照射多长时间？	**操作时间：** 每周五消毒一次，如果出现传染病，当天须立刻安排一次。 **注意事项：** 1. 地面须提前进行清洁。 2. 床垫两面都需进行至少 30 分钟的紫外线灯照射方可达到消毒效果。 3. 最好拿到户外暴晒。	□操作顺序无误 □操作方法无误 □口述内容无误 _____ 是否需要再次考核 □是 □否 _____ □操作顺序无误 □操作方法无误 □口述内容无误 _____ △通过 △未通过

表 12　检核项目：桌面清洁及消毒

物品准备	SOP 流程&SOC 检核操作内容	SOC 知识检核	操作指南	备注
○ 桌子、清洁毛巾、消毒毛巾、消毒盆、手套 ○ 班级消毒登记表	**流程 1　清洁** ○ 教师戴上手套，用流动水揉搓清洁毛巾，拧至半干。 ○ 将清洁毛巾对折成方形，从上至下、从左至右擦拭桌面及桌边、桌角。 ○ 擦拭后用流动水搓洗清洁毛巾。 **流程 2　消毒** ○ 在消毒喷壶中按 1 L 水：500 mg 消毒片的比例配制消毒水。 ○ 在桌面均匀喷洒消毒水，喷洒后静置 15 分钟。 **流程 3　清洁** ○ 消毒后按照流程 1 的步骤对桌面进行清洁。 **流程 4　收纳** ○ 将清洁毛巾和消毒毛巾挂在指定位置。 **流程 5　填写** 根据各班实际消毒方式及频率填写班级消毒登记表。	○ 桌面清洁和消毒在每天的什么时候进行？ ○ 桌面清洁消毒对毛巾的使用规范是什么？ ○ 请说出消毒水的配制比例。	**操作时间：** 每天下班前；用餐前半小时。 **注意事项：** 用餐前半个小时内需要完成对桌面的清洁消毒工作。	□操作顺序无误 □操作方法无误 □口述内容无误 —————— 是否需要再次考核 □是　　□否 —————— □操作顺序无误 □操作方法无误 □口述内容无误 —————— △通过 △未通过

表 13   检核项目：台面、柜体清洁及消毒

物品准备	SOP 流程&SOC 检核操作内容	SOC 知识检核	操作指南	备注
○ 清洁毛巾、消毒毛巾、消毒盆、手套、消毒片 ○ 班级消毒登记表	**流程 1 清洁** ○ 教师戴上手套，用流动水揉搓清洁毛巾，拧至半干。 ○ 将清洁毛巾对折成方形，从上至下、从左至右擦拭台面及台面边缘。 ○ 擦拭后用流动水搓洗清洁毛巾。 **流程 2 消毒** ○ 在消毒喷壶中按 1 L 水∶500 mg 消毒片的比例配制消毒水。 ○ 在台面均匀喷洒消毒水，喷洒后静置 15 分钟。 **流程 3 清洁** ○ 消毒后，按照流程 1 的步骤进行清洁。 **流程 4 收纳** ○ 将清洁毛巾和消毒毛巾悬挂在指定位置。 **流程 5 填写** 根据各班实际消毒方式及频率填写班级消毒登记表。	○ 台面清洁和消毒在什么时候进行？ ○ 尿布台和软垫的清洁消毒措施有哪些？ ○ 清洁玩具柜时要注意清洁哪些方面？ ○ 清洁柜体时要着重检查哪些安全隐患？	**操作时间：** 每天下班前。 **注意事项：** 1. 尿布台及软垫要及时用酒精喷洒消毒，并用清洁毛巾擦干。 2. 在清洁柜体时，要检查表面是否有裂痕、倒刺及螺丝松动现象，能及时处理的立刻处理，不能立刻处理的拍照上报处理人，并将其挪至安全位置。 3. 玩具柜应全面清洁。	□操作顺序无误 □操作方法无误 □口述内容无误 _____ 是否需要再次考核 □是 □否 _____ □操作顺序无误 □操作方法无误 □口述内容无误 _____ △通过 △未通过

表 14　检核项目：呕吐物处理

物品准备	SOP 流程&SOC 检核操作内容	SOC 知识检核	操作指南	备注
○ 一次性呕吐物处理应急包一个（内含：呕吐袋、黄色废物袋、消毒干巾、消毒湿巾、一次性帽子、橡胶手套、口罩、鞋套、防护服、清洁吸附巾、消毒粉、清洁袋、消毒片、消毒盆、碘伏消毒液、一次性纸巾） ○ 班级消毒登记表 ○ 呕吐包使用说明记录	**流程 1　婴幼儿疏散** ○ 引导婴幼儿安全疏散到距离中心呕吐物区域 2 米以外的位置。 ○ 疏散完成后，关闭教室门开窗通风至少 30 分钟。 **流程 2　物品准备** ○ 教师须佩戴好一次性帽子、鞋套、手套、口罩、防护服。 ○ 准备呕吐袋、消毒片、消毒盆、碘伏消毒液（如需）。 **流程 3　呕吐物处理** ○ 婴幼儿恶心想吐时须尽快取出呕吐袋，尽量让婴幼儿吐在袋里。使用完毕后，倒入消毒粉扎紧袋口，放入废物袋并扎紧。 ○ 如呕吐时没能吐在袋中，则打开呕吐包取出消毒干巾包裹覆盖，使其吸附呕吐物，后将覆盖了消毒干巾的呕吐物丢入废物袋内并扎紧。 ○ 如不慎吐到了衣物或床单上，先使用消毒干巾将固体呕吐物清理干净，再将纸巾和呕吐物丢入废物袋内并扎紧。最后，将衣物和床单放入另一个清洁袋扎紧，移交家长。 **流程 4　消毒** ○ 在消毒盆中按 1 L 水：1000 mg 消毒片的比例配制消毒水。 ○ 如餐具被污染：清除食物残渣后，用消毒液浸泡，静置 30 分钟后用清水洗净。 ○ 如皮肤被污染：应立即清除污染物，用一次性纸巾蘸取 0.5%碘伏消毒液擦拭被污染皮肤，消毒 3 分钟以上，再用清水洗净，将使用后的纸巾丢入废物袋。 ○ 用消毒水和消毒湿巾擦拭桌面、床架、门把手等，进行消毒，30 分钟后用清水清洗干净。墙壁和地面直接用消毒水喷洒或擦拭消毒 30 分钟。将使用后的湿巾丢入废物袋。 **流程 5　收纳** ○ 将使用后的一次性物品放入垃圾袋内扎紧。 ○ 将所有的垃圾袋带离园所，放入园所专用的特殊物处置桶。 ○ 返园时将手清洗干净。 **流程 6　填写** ○ 根据实际消毒方式及频率填写班级消毒登记表和呕吐包使用说明记录。	○ 呕吐物处理在什么时候进行？ ○ 呕吐所导致的污染物应如何处理？ ○ 使用消毒湿巾清理污浊的地面时应遵循怎样的手势动作？ ○ 清理呕吐区域喷洒消毒水后应等待多久再进行清水擦拭？ ○ 当有人员出现呕吐情况时，应如何疏导婴幼儿？ ○ 疏导完成后，教室门窗通风时长是多久？ ○ 在处置呕吐物时，教师应如何保护好自己？	**操作时间：** 出现后立即进行。 **注意事项：** 1. 衣物和床单等被污染物须装袋系紧后转交家长，建议家长使用衣物消毒液清理。 2. 用消毒湿巾由干净区至污浊区从外至里螺旋擦拭至中心区域后收紧，湿巾丢入废物袋。 3. 注意不要重复擦拭同一个位置，可以横向擦拭，消毒水作用 30 分钟后，用清水擦拭。	□操作顺序无误 □操作方法无误 □口述内容无误 ——————— 是否需要再次考核 □是　□否 ——————— □操作顺序无误 □操作方法无误 □口述内容无误 ——————— △通过 △未通过

表 15   检核项目：洗碗机清洗餐具、奶瓶

物品准备	SOP 流程&SOC 检核操作内容	SOC 知识检核	操作指南	备注
○ 收纳筐 ○ 班级消毒登记表	**流程 1　准备** ○ 将需要清洗的餐具、奶瓶放入指定盆中。 **流程 2　涮洗** ○ 用流动水涮洗餐具、奶瓶表面的残留食物。 ○ 将餐具、奶瓶依次放入洗碗机中。 ○ 设置洗碗机的操作功能为清洗模式。 **流程 3　消毒** ○ 清洗餐具、奶瓶后，从洗碗机中拿出放入消毒柜。 **流程 4　收纳** ○ 将洗好的餐具、奶瓶取出，并收纳至指定位置。 **流程 5　填写** ○ 根据各班实际消毒方式及频率填写班级消毒登记表。	○ 正常情况下，什么时候对餐具、奶瓶进行消毒？ ○ 在特殊期间（如疾病传染期）消毒的频率是多少？ ○ 在操作中应如何保护自己不被蒸汽烫伤？	**操作时间：** 正常情况下，每餐一清洗，每天一消毒；如班级出现传染病例，则须每餐消毒。 **注意事项：** 1. 将餐具、奶瓶倒扣在洗碗机内。 2. 打开机器前，将婴幼儿移动到安全位置，教师打开时，戴好防烫手套，小心被蒸汽烫伤。	□操作顺序无误 □操作方法无误 □口述内容无误 是否需要再次考核 □是　　□否 □操作顺序无误 □操作方法无误 □口述内容无误 △通过 △未通过

（二）健康监护

定义：通过各种形式的检查和分析，及时发现婴幼儿健康损害征象，以便采取相应的预防措施，防止有害因素所致疾病的发生和发展。

意义与目的：通过观察以及定期监测，及时发现婴幼儿的健康问题，根据实际情况，教师采取措施，或请求家长协助，将婴幼儿疾病对个人与集体的影响降至最低。

原则：实时关注，定时监测。

组成：

1. 晨检（见表 16）

2. 晨接/晚送（见表 17）

3. 婴幼儿出勤记录与处理（见表 18）

4. 二次晨检（乳儿班、托小班）（见表 19）

5. 二次晨检（托大班）（见表 20）

6. 放学检查（见表 21）

7. 体温测量——耳温枪（适用于日常监测）（见表 22）

8. 体温测量——水银体温计（适用于第二次复测）（见表 23）

9. 体温测量——额温枪（适用于日常监测）（见表 24）

10. 活动返班后身体检查（见表 25）

11. 睡眠监测（见表 26）

12. 环境适宜检查（室内）（见表 27）

13. 环境适宜检查（室外）（见表 28）

注意事项：

- 婴幼儿入园前的身体检查中如发现特殊情况，教师应当及时记录并告知家长。

- 作为与婴幼儿密切接触的人员，教师应每日监测个人体温和健康状况，如有异常立即报告并就医。

- 教师应时常自行复习婴幼儿紧急救援的技巧和知识，以便在意外发生时给予有效救助。

健康监护工作站

表 16   检核项目：晨检

物品准备	SOP 流程&SOC 检核操作内容	SOC 知识检核	操作指南	备注
○ 便利贴、笔	**晨检流程** ○ 热情地迎接入园家长和婴幼儿。 ○ 带婴幼儿到晨检处排队。 ○ 协助家长引导婴幼儿配合保健医生进行晨检，如张嘴、伸出双手。 ○ 询问家长当日是否有需要特别关注的事项，如有则记录在便利贴上，以免忘记。 ○ 晨检合格，引导婴幼儿与父母挥手告别，并带婴幼儿至换鞋区，帮助或协助婴幼儿换鞋。 ○ 将婴幼儿带到教室，引导婴幼儿与班级教师及其他婴幼儿问好，将婴幼儿交接给班级另一名教师，传达晨检情况，将记录关注事项的便利贴贴于班级工作栏，以便所有教师知悉。 ○ 如晨检不合格，及时和家长交流情况。建议家长带婴幼儿就医。	○ 当婴幼儿晨检出现排斥、不配合时，教师应当如何应对？ ○ 当婴幼儿与父母分别时，教师需要做什么？ ○ 为什么要将家长交代的事项记录并张贴到教师工作栏？	**注意事项：** 1. 晨检时，教师应陪伴在婴幼儿身侧，引导、鼓励婴幼儿排队，建立婴幼儿的规则意识。 2. 婴幼儿哭闹不愿意晨检时，应先和父母一同安慰婴幼儿情绪，等婴幼儿情绪平复后再晨检。若婴幼儿情绪难以平复，教师则需要先让家长离开，再安抚婴幼儿，情绪平复后再晨检。 3. 婴幼儿不愿意张嘴配合晨检时，教师可以用游戏引导，如："老师看看今天你吃了什么？"还可以请婴幼儿看看其他小朋友张嘴后是干什么，或请家长示范，消除婴幼儿的恐惧。 4. 鼓励婴幼儿自己换鞋子、放鞋子，并在放鞋子的地方贴标识。	□操作顺序无误 □操作方法无误 □口述内容无误 ——— 是否需要再次考核 □是 □否 ——— □操作顺序无误 □操作方法无误 □口述内容无误 ——— △通过 △未通过

表 17　检核项目：晨接/晚送

物品准备	SOP 流程&SOC 检核操作内容	SOC 知识检核	操作指南	备注
○ 签到/签退登记表 ○ 需要交给家长的物品	**迎接准备** ○ 教师听到广播中叫到自己对应的班级名称或班级婴幼儿姓名后，迅速安排好手中的事务，告知其他搭班教师，并快速检查自己的仪容仪表，前往前厅迎接婴幼儿与家长。 **热情迎接** ○ 教师保持微笑与饱满的精神状态，看到家长和婴幼儿后，热情自然地用彼此可以接受的方式打招呼。 ○ 教师拿出本班的签到/签退登记表，礼貌邀请家长填写对应信息。 **鞋袜更换** ○ 入园：教师按照晨检流程，引导婴幼儿配合并完成晨检工作后，带其更换鞋袜。 ○ 离园：教师引导婴幼儿更换鞋袜后，与家长亲切问候。 **与家长交接** ○ 入园时，教师鼓励婴幼儿与父母挥手告别，并将婴幼儿安全带入班级。 ○ 离园时，教师将需要给家长的物品进行交接；简单反馈婴幼儿当日在园情况后，向婴幼儿与家长挥手告别。	○ 教师听到广播后多久应到前厅，为什么？ ○ 如家长提出想和教师进一步沟通婴幼儿情况，教师应该怎么做？ ○ 如家长着急离开，未在签到/签退表签字，教师应该怎么做？	**注意事项：** 1. 教师听到广播后应在 3 分钟内到达前厅，如有特殊情况，应电话告知前厅教师，避免家长焦急等待。 2. 如果有需要递交给家长的物品，教师可一并携带至前厅。 3. 沟通简单短暂，不做过多停留，如有需要长时间沟通的问题，则提醒家长暂且等待，待班级其他婴幼儿离园后单独沟通。入园环节不做长时间单独沟通 4. 如家长因急事或其他原因无法在登记表上签到/签退，教师应提醒家长在手机 App 用文字的形式写明"××点××分本人已接到×××"或"××点××分本人已将×××送到"，教师务必及时提醒家长并核查信息的送达与准确性，并留存好记录。	□操作顺序无误 □操作方法无误 □口述内容无误 ————— 是否需要再次考核 □是　　□否 □操作顺序无误 □操作方法无误 □口述内容无误 ————— △通过 △未通过

表 18   检核项目：婴幼儿出勤记录与处理

物品准备	SOP 流程&SOC 检核操作内容	SOC 知识检核	操作指南	备注
○ 签到登记表 ○ iPad	**检查登记表** 教师在规定入园时间的半小时后，清查已入班的婴幼儿人数。 **检查 iPad** 如有仍未抵达园所的婴幼儿，再次检查 iPad 上与对应家长的群聊信息，查看是否有请假或者其他特殊情况的说明。 **通知顾问联系家长** 请育儿顾问电话联系未抵达且未提前说明的婴幼儿家长，礼貌了解情况。 **了解情况** 向顾问了解沟通情况，如有请假等其他特殊原因，教师适时在 App 上表达自己的关心。 **汇总上报** 教师应在 10 点前将当日出勤情况在电脑端进行登记汇总。	○ 教师需要在什么时间检查班级婴幼儿是否已全部入园？ ○ 如家长未将婴幼儿送园，且未请假，需要提醒家长如何操作？ ○ 如婴幼儿生病请假，教师应该怎么做？	**注意事项：** 如果家长当天临时有事，不能将婴幼儿送至园所，则需提醒家长在 App 上完成请假操作，并跟进直至完成。	□操作顺序无误 □操作方法无误 □口述内容无误 ————— 是否需要再次考核 □是　　□否 ————— □操作顺序无误 □操作方法无误 □口述内容无误 ————— △通过 △未通过

表 19　检核项目：二次晨检（乳儿班、托小班）

物品准备	SOP 流程&SOC 检核操作内容	SOC 知识检核	操作指南	备注
○ 尿布筐：内含换尿布的物品，如尿布、湿巾、干巾、护臀用品 ○ iPad（用于拍照）	**二次晨检流程　（针对使用尿不湿的婴幼儿）** ○ 用七步洗手法清洗双手，擦干手上的水。 ○ 铺好尿布垫，准备好尿布筐等物品。 ○ 教师将婴幼儿抱上尿布台。 ○ 教师仔细查看婴幼儿的面部、耳朵、前额、脖子、双手。一边检查一边与婴幼儿进行语言互动，如"让老师看看你的小手吧。" ○ 脱裤子时应查看婴幼儿双腿、臀部、生殖器等有无外伤、瘀青、红肿、疹子等，检查过程中留意后背、肚子、肩膀、脖子等处是否有伤情。 ○ 按规范更换尿不湿。 ○ 如一切正常，将婴幼儿抱到安全的地方。 ○ 如发现婴幼儿受伤，教师真诚地关怀婴幼儿，询问婴幼儿是否有疼痛等不适。 ○ 如发现婴幼儿受伤，将受伤情况拍照留存（带时间水印），并将照片发送至晨检群。（每天发送，无论前一天是否有此情况，都需要再次拍照） ○ 如发现婴幼儿有新伤，须及时与家长取得联系，并转达发现的伤情，询问情况。	○ 二次晨检在什么时候进行？ ○ 二次晨检时，教师应注意检查哪些身体部位？ ○ 如发现婴幼儿身体有伤情，教师应采取哪些举措？ ○ 你知道为什么要进行二次晨检吗？	**注意事项：** 1. 在婴幼儿进入班级整理好自己的个人物品（书包放入书包柜，围巾、帽子脱下放好等）后，教师可进行二次晨检。 2. 二次晨检的目的是帮助教师了解婴幼儿入园前是否有受伤等情况，避免与家长就婴幼儿受伤情况产生纠纷。 3. 二次晨检过程中应保持与婴幼儿的语言互动，避免引起婴幼儿不适或焦虑。 4. 二次晨检过程中可抓住时机培养婴幼儿生活自理能力，如配合教师穿衣穿裤、自己丢脏尿布等。	□操作顺序无误 □操作方法无误 □口述内容无误 ─────── 是否需要再次考核 □是　　□否 ─────── □操作顺序无误 □操作方法无误 □口述内容无误 ─────── △通过 △未通过

表 20　检核项目：二次晨检（托大班）

物品准备	SOP 流程&SOC 检核操作内容	SOC 知识检核	操作指南	备注
○　iPad（用于拍照）	**二次晨检流程**（针对已能独立如厕无须使用尿不湿的幼儿） ○　教师陪伴幼儿用七步洗手法清洗双手，擦干手上的水。 ○　教师仔细查看幼儿的面部、耳朵、前额、脖子、双手等暴露在外的身体部位（过程中可以进行交流，观察幼儿的情绪状态）。 ○　如幼儿需上厕所，留意幼儿的双腿、双脚、臀部、生殖器等有无外伤、瘀青、红肿、疹子等，检查过程中留意后背、肚子、肩膀等处是否有伤情。 ○　如一切正常，将幼儿带领到安全的地方，进行活动。 ○　如发现幼儿受伤，教师应真诚地关怀幼儿，询问幼儿是否有疼痛等不适。 ○　如发现幼儿受伤，将受伤情况拍照留存（带时间水印），并将照片发送至晨检群（每天发送，无论前一天是否有此情况，都需要再次拍照）。 ○　如发现幼儿有新伤，须及时与家长取得联系，转达发现的伤情，询问情况。	○　二次晨检在什么时候进行? ○　你知道为什么要进行二次晨检吗?	**注意事项：** 1. 在幼儿进入班级整理好自己的个人物品（书包放入书包柜，围巾、帽子脱下放好等）后，教师可进行二次晨检。 2. 二次晨检的目的是帮助教师了解幼儿入园前是否受伤等情况，避免与家长就幼儿受伤情况产生纠纷。 3. 二次晨检过程中应保持与幼儿的语言互动，避免引起幼儿不适或焦虑。 4. 二次晨检过程中可抓住时机培养幼儿生活自理能力，如自己洗手、上厕所等。	□操作顺序无误 □操作方法无误 □口述内容无误 ――――――― 是否需要再次考核 □是　　□否 ――――――― □操作顺序无误 □操作方法无误 □口述内容无误 ――――――― △通过 △未通过

表 21　检核项目：放学检查

物品准备	SOP 流程&SOC 检核操作内容	SOC 知识检核	操作指南	备注
○ 湿纸巾	**放学检查流程** ○ 准备：湿纸巾。 ○ 观察：观察婴幼儿的精神状态。 ○ 检查：检查婴幼儿五官、手臂、腿部等可见身体部位，发现面部、双手等有脏东西，则用湿纸巾擦干净；如发现婴幼儿身体有伤口，则需了解受伤情况及经过。 ○ 整理：整理婴幼儿衣服，纽扣扣好，衣服拉展抚平。整理婴幼儿裙裤，贴身上衣掖进裤子里（天冷时），裤脚整理平整，袜子确认里外是否穿反。 ○ 出发：引导婴幼儿背上自己的书包，并向其他婴幼儿、教师挥手道别。	○ 为什么要进行放学检查？	**注意事项：** 1. 检查过程中，教师可以和婴幼儿温柔地进行交流，如询问婴幼儿一天的心情。 2. 教师检查婴幼儿身体的各个部位的时候，可以强调部位的名称，加强婴幼儿对于身体的认知。 3. 放学检查再次帮助教师全面了解婴幼儿一天的情况，有任何新的情况可以及时处理或与家长沟通。	□操作顺序无误 □操作方法无误 □口述内容无误 是否需要再次考核 □是　　□否 □操作顺序无误 □操作方法无误 □口述内容无误 △通过 △未通过

表 22　检核项目：体温测量——耳温枪（适用于日常监测）

物品准备	SOP 流程&SOC 检核操作内容	SOC 知识检核	操作指南	备注
○ 耳温枪、探测保护罩（探头帽）、酒精喷雾或消毒湿巾 ○ 晨午晚检登记表	**测温流程** ○ 评估耳温枪的性能：每次测量前对探头进行酒精消毒，正确放置探头帽。 ○ 耳温枪开机：等待就绪信号。 ○ 开始测量：待听到蜂鸣音后将探头轻轻塞入耳道，按下开始键正确测量。 ○ 确认结果：听到一声蜂鸣音表示测量结束，屏幕上显示结果。 ○ 填表：将结果填写在晨午晚检登记表上。 ○ 复测提示：测量后若温度高于 37.3 ℃，则应通知保健医生，并使用水银体温计复测。	○ 当耳温枪温度显示存在异常需要复测时，教师应如何操作？ ○ 耳温枪开启后多久可以进行测温？ ○ 耳道内如果有过多的耳垢是否适合进行耳温枪测量？ ○ 请说出为什么要对探头帽一用一消毒？ ○ 当耳朵暴露在过冷或过热的温度下返回教室后，应等待多久再进行测温？	**应对策略：** 1. 婴幼儿不愿意进行耳温测量时，可以以游戏的方式引导婴幼儿，如用小耳朵"打电话"。 2. 左耳和右耳测量会有误差，因此应在同一侧耳内测量。 3. 耳道内不能有过多耳垢，以保证测量精准。 4. 耳朵暴露在过冷或过热的温度下，应等待 20 分钟再测温（回教室后教师再复测一次）。	□操作顺序无误 □操作方法无误 □口述内容无误 是否需要再次考核 □是　　□否 □操作顺序无误 □操作方法无误 □口述内容无误 △通过 △未通过

表 23　检核项目：体温测量——水银体温计（适用于第二次复测）

物品准备	SOP 流程&SOC 检核操作内容	SOC 知识检核	操作指南	备注
○ 水银体温计、纸巾、酒精喷雾或消毒湿巾 ○ 晨午晚检登记表	**测温流程** ○ 准备：准备水银体温计一根。 ○ 检查：检查水银体温计有无破损及汞柱是否在 35 ℃以下，如高于 35 ℃，则需要甩表将温度降低。 ○ 测量前准备：擦净汗液。 ○ 开始测量：将体温计汞端置于腋窝深处，屈臂过胸夹紧体温计，如婴幼儿不配合，可由另一人协助夹紧其上臂。开始测量后，须等待 5 分钟。 ○ 确认结果：将结果填写在晨午晚检登记表上。 ○ 消毒：水银体温计使用后应用消毒湿巾或酒精进行消毒，教师用洗手液进行手部清洁。	○ 请说出测量前需要做的准备。 ○ 测量前需确认水银体温计的温度在多少度以下？ ○ 水银体温计的测量时长一般不能少于多少分钟？ ○ 如婴幼儿不配合时，教师应如何协助测量？	**应对策略：** 1. 如婴幼儿不配合测量，需要另一名教师协助，教师可利用玩具或手指游戏等吸引婴幼儿注意力。 2. 水银体温计的测量时长不应少于 5 分钟，才能保证测量的准确性。	□操作顺序无误 □操作方法无误 □口述内容无误 是否需要再次考核 □是　　□否 □操作顺序无误 □操作方法无误 □口述内容无误 △通过 △未通过

表 24　检核项目：体温测量——额温枪（适用于日常监测）

物品准备	SOP 流程&SOC 检核操作内容	SOC 知识检核	操作指南	备注
○ 额温枪 ○ 晨午晚检登记表	**测温流程** ○ 准备：准备额温枪一把。 ○ 检查：检查额温枪性能是否完好后开始操作。 ○ 开始测量：取距离前额正中 3～5 cm 处并保持垂直方向，按下测量按钮，显示屏出现数据。 ○ 确认结果：正确读取数据，并将结果填写在晨午晚检登记表上。 ○ 复测提示：当额温枪测量后温度高于 37.5 ℃ 时，应使用水银体温计复测。	○ 额温枪的保管有哪些注意事项？ ○ 当室内外温差过大，刚刚转换空间时进行测温有哪些注意事项？ ○ 额温枪测量温度达到多少度时，应采用水银体温计进行复测？	**注意事项：** 1. 探头镜片是最易损伤的部分，因此必须小心保护探头镜片（用棉签或软布蘸水或酒精轻轻擦拭，不得浸泡或阳光直接暴晒）。 2. 若额温枪从温差较大的环境轻移至测量环境，须将额温枪放置于测量环境 20 分钟，待其适应环境温度后再使用。	□操作顺序无误 □操作方法无误 □口述内容无误 —— 是否需要再次考核 □是　　□否 —— □操作顺序无误 □操作方法无误 □口述内容无误 —— △通过 △未通过

表 25　检核项目：活动返班后身体检查

物品准备	SOP 流程&SOC 检核操作内容	SOC 知识检核	操作指南	备注
○ 汗巾	○ 观察：观察婴幼儿的精神状态。 ○ 检查：检查婴幼儿五官、手臂、腿部等可见身体部位，查看是否有伤口，并判断伤势。 ○ 整理：整理婴幼儿衣服，纽扣扣好，衣服拉展抚平。整理婴幼儿裙裤，贴身上衣掖进裤子里（天冷时），裤脚整理平整。 如有出汗的婴幼儿，教师及时用汗巾擦拭，关注并适时调节室内温度。 ○ 洗手：引导婴幼儿使用七步洗手法清洗双手。	○ 请描述返班检查时应包含的检查事项。 ○ 请说出如婴幼儿出汗返班时教师应如何进行照护。	**注意事项：** 1. 检查过程中，教师可以温柔地和婴幼儿进行交流，如询问婴幼儿活动的心情。 2. 教师检查整理婴幼儿身体各个部位的时候，可以强调部位的名称，加强婴幼儿对于身体的认知，如：让老师看一看你的小手。 3. 根据班级婴幼儿能力情况，注意培养婴幼儿生活自理能力，乳儿班婴幼儿能够配合教师洗手即可。	□操作顺序无误 □操作方法无误 □口述内容无误 ———————— 是否需要再次考核 □是　　□否 ———————— □操作顺序无误 □操作方法无误 □口述内容无误 ———————— △通过 △未通过

表 26　检核项目：睡眠监测

物品准备	SOP 流程&SOC 检核操作内容	SOC 知识检核	操作指南	备注
○ 额温枪、摇篮曲、床垫、窗帘、床上用品 ○ 晨午晚检登记表、午睡巡视表	**睡前准备** ○ 哄睡：根据婴幼儿状态，采用配班入睡或自主入睡的方式，确保入睡过程平稳舒适。针对有需求的婴幼儿可进行入睡陪伴。 ○ 环境调试：教师应保持室内光线昏暗、湿度 50%～60%、温度 22～26 ℃，空调和加湿器的出风口要避免直吹睡眠区。 **巡视** ○ 教师每 15 分钟巡视一次，关注婴幼儿的出汗情况，检查婴幼儿盖被子情况、床上有无异物。 ○ 关注婴幼儿的睡姿，婴幼儿入睡后，如有俯睡的情况应轻柔调整，以避免阻塞呼吸道。 ○ 帮助婴幼儿盖被子，被子不宜太厚，过热会影响婴幼儿的睡眠质量。 ○ 婴幼儿入睡后，教师应将安抚物放置在距离婴幼儿脸部较远的地方。 ○ 婴幼儿入睡后如大量出汗，教师应及时用棉柔巾擦拭汗液（入睡时不应穿太厚、室温不宜过高、被子不宜太厚）。 **体温测温** ○ 婴幼儿睡醒后，教师应测量体温，并进行记录。 **记录填写** ○ 将体温测量结果填写在晨午晚检登记表上，将巡视结果填写在午睡巡视表上。	○ 请说出午睡巡视时教师应主要关注的事项。 ○ 如有婴幼儿无法自主入睡，教师可采取什么措施? ○ 请说出入睡前环境调试的细则。	**注意事项：** 1. 进行睡前准备时，教师应注意站位分工，保证所有婴幼儿在教师的视线范围内。 2. 入睡前，教师如在床上帮助婴幼儿更换尿不湿，应注意遮盖婴幼儿的隐私部位。 3. 婴幼儿长时间不睡觉可根据婴幼儿的睡眠习惯进行安抚，如适当抱抱、轻声安抚、轻抚眉毛等，平复婴幼儿情绪，让婴幼儿慢慢适应睡觉环境。 4. 睡觉时哭闹的婴幼儿，需教师单独安抚，了解婴幼儿不入睡的原因，及时满足婴幼儿的需求。原则上不允许将婴幼儿带出教室。 5. 婴幼儿睡着后应适当调低教室里播放的摇篮曲音量或关闭音乐。	□操作顺序无误 □操作方法无误 □口述内容无误 是否需要再次考核 □是　　□否 □操作顺序无误 □操作方法无误 □口述内容无误 △通过 △未通过

表 27　检核项目：环境适宜检查（室内）

物品准备	SOP 流程&SOC 检核操作内容	SOC 知识检核	应对策略	备注
○ 温度检测仪、湿度检测仪	○ 查看：查看教室内的温度检测仪及湿度检测仪（冬天地暖温度设定为 22～26 ℃；夏天空调温度设置为 26 ℃；湿度为 50%～60%）。 ○ 调节：如温度和湿度不在适宜范围内，可通过空调的升温/降温功能调节温度；湿度过高可打开空调的抽湿模式，湿度过低则可打开加湿器。 ○ 关注：教师每小时观察一次温度和湿度。 ○ 关闭：检测仪上的读数达到适宜范围，即可关闭空调或加湿器。	○ 请说出冬季和夏季室内温度和湿度的适宜数据。 ○ 如温度和湿度不适宜时，可以通过哪些方式调整？ ○ 开启空调和加湿器时，应如何保护婴幼儿？	注意事项： 避免空调及加湿器的风口直吹婴幼儿。	□操作顺序无误 □操作方法无误 □口述内容无误 是否需要再次考核 □是　□否 □操作顺序无误 □操作方法无误 □口述内容无误 △通过 △未通过

表 28　检核项目：环境适宜检查（室外）

物品准备	SOP 流程&SOC 检核操作内容	SOC 知识检核	操作指南	备注
○汗巾、毛毯、收纳筐	○ 观察：观察室外天气状况，通过天气预报查看未来一小时内的晴雨、温度、空气质量等（雨天判断雨量大小、温度 10～30 ℃、空气质量 AQI 指数低于 100）。如在适宜范围内，则正常进行室外活动。 ○ 衣物增减：协助婴幼儿进行衣物增减。 ○ 备用物准备：婴幼儿的外套、汗巾等需要外带的物品放入收纳筐中备用。 ○ 教师携带好备用物品，有序组织婴幼儿进行室外活动。	○ 请说出适宜开展室外活动的标准。 ○ 室外活动前教师应做好哪些准备？	注意事项： 1. 如遇特殊天气（冰雹、狂风），教师应立刻带领幼儿有序返回室内。 2. 活动中，教师应随时关注室外环境以及婴幼儿的舒适度。	□操作顺序无误 □操作方法无误 □口述内容无误 是否需要再次考核 □是　□否 □操作顺序无误 □操作方法无误 □口述内容无误 △通过 △未通过

（三）物品整理

定义： 对物品进行选择、分类、统计与收纳，需要不断协调人、空间和物品的关系。

意义与目的： 精准定位，随用随取，最大限度节省时间，提高班级工作效率，为婴幼儿打造有序的环境空间。

原则： 归类、精简、定位、设计、婴幼儿安全、婴幼儿视角。

组成：

1. 教师入园（见表 29）

2. 教师离园（见表 30）

3. 出教室活动物品准备（见表 31）

4. 起床整理（见表 32）

5. 入园婴幼儿物品收纳（见表 33）

6. 脏衣处理（见表 34）

7. 入睡整理（见表 35）

8. 放学婴幼儿物品收纳（见表 36）

9. 活动后环境归位整理（见表 37）

10. 组织玩具收纳（见表 38）

注意事项：

- 每位婴幼儿的个人物品应做好标记。

- 及时规整，注重分类与收纳，定期盘点。

- 活动前的物品准备应做到人人知晓、提前准备，如有缺失应及时补给。

物品整理工作站

表 29　检核项目：教师入园

物品准备	SOP 流程&SOC 检核操作内容	SOC 知识检核	操作指南	备注
○ 平板电脑、收纳筐	**环境准备** － 卫生消毒用品： ○ 检查班级环境中是否存在前一天留置在地面或桌面上的卫生消毒用品（如紫外线消毒灯），如有，则将其收集并安全放置在婴幼儿无法触及的位置。 － 电器： ○ 将饮水机、新风系统、空调等设备开启，并按照规定的要求设置好温度。 － 保育物资： ○ 检查保育物资备用物品的数量是否充足，状态是否良好，及时补充。 － 教育教学物资： ○ 再次检查环境中的相关物资是否在合理的位置，并将部分材料进行归位。例如，将用作饮水记录的雪糕棒放回储存库，检查当日教学活动的物资是否准备齐全并放置在安全的位置上，可以随用随拿。 **App 留言检查** ○ 检查家长留言信息，是否存在需特别关注的婴幼儿或请假等特殊情况，并同步给班级其他教师。 **状态准备** ○ 教师在班级的镜子前再次检查自己的仪容仪表并及时整理，以积极健康的精神面貌迎接家长和婴幼儿。	○ 教师入园要做哪些准备？ ○ 环境准备包含哪些？	**操作时间：** 每天早上到达班级后。 **操作要领：** 1. 关注环境中存在的安全风险，谨慎检查，及时处理。 2. 需要及时回复家长留言。	□操作顺序无误 □操作方法无误 □口述内容无误 —————— 是否需要再次考核 □是　　□否 —————— □操作顺序无误 □操作方法无误 □口述内容无误 —————— △通过 △未通过

表 30　检核项目：教师离园

物品准备	SOP 流程&SOC 检核操作内容	SOC 知识检核	操作指南	备注
○　平板电脑、收纳筐	**环境准备** － 卫生消毒用品： ○ 将紫外线消毒灯放在指定位置，确定室内无人后，启动开关；确认将班级内的垃圾带离教室，正确处理，防止细菌滋生。 － 电器： ○ 将饮水机、新风系统、空调等设备关闭。 － 保育物资： ○ 检查保育物资备用物品的数量是否充足，状态是否良好，及时补充。 － 教育教学物资： ○ 检查环境中的相关物资是否在合理的位置，并将部分材料进行归位。例如，将用作饮水记录的雪糕棒放回储存库，检查明日教学活动的物资是否准备齐全并放置在安全的位置上，可以随用随拿。 **App 留言检查** ○ 检查家长留言信息，是否存在需特别关注的婴幼儿或请假等特殊情况，并同步给班级其他教师。	○　教师离园要做哪些准备？ ○　为什么离开前要确认将垃圾带离教室？	**操作时间：** 每天下班前。 **操作要领：** 1. 关注环境中存在的安全风险，谨慎检查，及时处理。 2. 需要及时回复家长留言。	□操作顺序无误 □操作方法无误 □口述内容无误 ———————— 是否需要再次考核 □是　　□否 □操作顺序无误 □操作方法无误 □口述内容无误 ———————— △通过 △未通过

表 31　检核项目：出教室活动物品准备

物品准备	SOP 流程&SOC 检核操作内容	SOC 知识检核	操作指南	备注
○ 收纳筐、湿巾、纸巾、汗巾以及教学活动所需物品	**确认活动所需** ○ 教师查看活动方案，确定活动所需物品。 **信息告知** ○ 教师将活动所需物品复述给其他教师，及时发现缺漏，做到人人心中有数。 **收集物品** ○ 教师将所需物品收集并依次放入收纳筐，一边放一边说出物品名称，如有缺漏，其他教师可以提出，及时补充。 **物品装备** ○ 教师将物品放在收纳筐中归置整理，再次核查，确认无误后，携带收纳筐出发。	○ 为什么教师准备外出活动物品时要一边放一边说? ○教师需要核对几次物品?	**操作时间：** 离开教室开展活动前。 **注意事项：** 1. 湿巾、纸巾、汗巾是外出的必要物品，缺一不可，避免使用时反复回教室拿。 2. 所需物品做到人人知晓。 3. 返回教室时，记得将所有物品带回。	□操作顺序无误 □操作方法无误 □口述内容无误 —————— 是否需要再次考核 □是　　□否 —————— □操作顺序无误 □操作方法无误 □口述内容无误 —————— △通过 △未通过

表 32　检核项目：起床整理

物品准备	SOP 流程&SOC 检核操作内容	SOC 知识检核	操作指南	备注
○ 收纳筐、床垫及床上用品	**起床整理流程** ○ 播放欢快的音乐，音量适宜。 ○ 仅拉开直射婴幼儿双眼一侧的窗帘，让幼儿逐渐适应光线。 **更换衣物** ○ 协助婴幼儿更换衣物（鼓励婴幼儿自主更换）。 ○ 所有婴幼儿穿好衣服后，教师将收纳筐进行叠落，放入柜中。 **床垫及床上用品收纳** ○ 教师将床垫及床上用品依次收纳到指定位置。 **环境归位** ○ 将原本在睡眠区的柜体、桌椅等物品挪回原位。	○ 为什么起床时要选择拉开不直射婴幼儿眼睛一侧的窗帘？ ○ 请描述起床整理的注意事项。	**操作时间：** 起床时。 **注意事项：** 1. 过程中，教师需站位合理，以便及时注意到婴幼儿情况。 2. 小心收纳、移动柜体桌椅，避免婴幼儿碰撞。 3. 整理过程中，逐步打开窗帘和灯。 4. 婴幼儿有能力或有意识自己做收纳，应在保证安全的条件下鼓励婴幼儿自己做。 5. 收纳时，一个教师到区角组织过渡活动（讲故事、做手指谣等），避免婴幼儿乱跑。	□操作顺序无误 □操作方法无误 □口述内容无误 是否需要再次考核 □是　　□否 □操作顺序无误 □操作方法无误 □口述内容无误 △通过 △未通过

表 33　检核项目：入园婴幼儿物品收纳

物品准备	SOP 流程&SOC 检核操作内容	SOC 知识检核	操作指南	备注
○姓名标识贴、笔、收纳筐	**明确婴幼儿物品** ○ 观察婴幼儿的衣着，是否有外套、帽子、手套等需要脱下。 ○ 打开书包/妈妈包/家长交到手上的任何物品，观察婴幼儿当日所带物品。 **判断使用频率、顺序** ○ 观察婴幼儿当日携带所有物品，判断当日物品使用的频率和顺序。 ○ 将使用频率较高的、具有优先级的物品从包内取出（包里留下婴幼儿的备用衣物）。 **物品做标识并分类** ○ 对没有婴幼儿姓名标识的物品，须做好姓名标识。 ○ 将物品进行分类，找到物品对应的收纳筐或收纳柜。 **物品归置** ○ 将物品放在对应的位置（如奶粉放入奶粉罐隔层）。	○ 请说一说每日可能接收到的婴幼儿物品有哪些。 ○ 接收到母乳时，教师应如何操作处置？ ○ 为什么婴幼儿物品需要贴上姓名标识？ ○ 为什么接收到物品时需要及时分类归置到各处？	**操作时间：** 进入教室后。 **注意事项：** 1. 辅食和母乳除早上的一顿，其他的放入冰箱冷藏。 2. 护肤用品分类放在对应的位置，防晒霜、驱蚊液等户外用品可以归置在户外用品的收纳筐里。 3. 家长每日需带的物资：婴幼儿备用衣物、婴幼儿奶粉、纸尿裤、母乳（乳儿班）、湿纸巾、婴幼儿亲子互动作品（偶尔）、课程相关材料（教学有需求时）。 4. 婴幼儿个人生活物品需要贴上姓名标识，便于教师尽快找到与婴幼儿对应的个人物品，避免交叉感染、拿错。 5. 接收到物品需要及时分类归置，便于教师需要用时能够快速准确地拿到。	□操作顺序无误 □操作方法无误 □口述内容无误 ──── 是否需要再次考核 □是　　□否 ──── □操作顺序无误 □操作方法无误 □口述内容无误 ──── △通过 △未通过

表 34   检核项目：脏衣处理

物品准备	SOP 流程&SOC 检核操作内容	SOC 知识检核	操作指南	备注
○ 收纳袋、湿巾、手套	**污染程度判断** ○ 教师观察婴幼儿的衣物并对污染程度作出判断（大片水渍、饭菜污染、大片颜料污染、大片泥土污染等影响婴幼儿个人感受的污染程度），确定是否需要更换。 **更换衣物** ○ 首先检查污染物是否造成婴幼儿身体受伤，如果有，要及时处理。 ○ 教师准备好婴幼儿的衣物，带领其到教室内的私密空间，协助脱下脏衣，更换备用衣物。 **污染衣物处理** ○ 教师戴上手套，将脱下来的衣物上的污染物（饭菜、还未浸透的颜料、泥土等）进行移除，如用湿巾擦拭或清洗、用手拍落。 **脏衣物收纳** ○ 将处理好的衣物装入收纳袋中，放在婴幼儿的书包旁，离园时单独交给家长，并说明情况。	○ 什么情况下需要为婴幼儿更换衣物？ ○ 为婴幼儿更换衣物时应选择在什么样的空间进行？ ○ 更换下的脏衣物教师应如何处理？请说明流程。	**操作时间：** 更换脏衣物时。 **注意事项：** 1. 如果污染物弄脏了婴幼儿的身体，教师需首先帮助婴幼儿清理并安抚婴幼儿情绪。 2. 对于托大班的幼儿，教师可以鼓励幼儿自主穿脱衣物。 3. 将脏衣单独交给家长的时候，说明衣物污染的原因。 4. 如果是便便弄脏衣物，教师需要将便便移除后，将衣物用清水清洗至无明显污渍。	□操作顺序无误 □操作方法无误 □口述内容无误 ———————— 是否需要再次考核 □是 □否 ———————— □操作顺序无误 □操作方法无误 □口述内容无误 ———————— △通过 △未通过

表35　检核项目：入睡整理

物品准备	SOP 流程&SOC 检核操作内容	SOC 知识检核	操作指南	备注
○ 摇篮曲、音箱、床垫、床上用品、收纳筐、奶粉、母乳、奶瓶	**空间准备** ○ 婴幼儿在教室外散步时，教师轻轻挪开睡眠空间中的柜体、桌椅，保证睡眠空间空无一物。 ○ 拉上窗帘。 **铺设床垫及床上用品** ○ 教师从床垫柜中取出所有床垫，放在睡眠区的一侧。每次取一个床垫，并将其摆放在合适的位置。 **播放摇篮曲** ○ 婴幼儿返回教室，教师播放轻柔的摇篮曲，音量刚好能被婴幼儿听到。 ○ 教师用轻柔的声音提醒婴幼儿："睡觉时间到啦，我们需要安静下来，准备睡觉啦！"用轻柔的话语营造睡眠氛围。 **入睡准备** ○ 协助或鼓励婴幼儿自主更换衣物，并放在床尾的衣物收纳筐内。 ○ 待婴幼儿更衣完成后，关闭睡眠区照明。 ○ 摇篮曲音量再次降低。	○ 请说出入睡前的物品整理流程。 ○ 为什么睡前要调暗灯光、播放摇篮曲？ ○ 入睡前教师应以什么样的声音和话语营造入睡氛围？ ○ 请说出教师需为婴幼儿入睡做的准备。	**操作时间：** 睡眠开始时。 **注意事项：** 1. 每个婴幼儿拥有一个属于自己的收纳筐，培养其自我收纳意识。 2. 培养婴幼儿自理能力，鼓励自己脱衣、自行收纳。 3. 为有需求的婴幼儿冲泡奶粉或加热母乳。 4. 减少光亮对婴幼儿的刺激，营造相对安静、舒适、愉悦的睡眠环境。	□操作顺序无误 □操作方法无误 □口述内容无误 是否需要再次考核 □是　　□否 □操作顺序无误 □操作方法无误 □口述内容无误 △通过 △未通过

表 36　检核项目：放学婴幼儿物品收纳

物品准备	SOP 流程&SOC 检核操作内容	SOC 知识检核	操作指南	备注
○ 收纳筐、婴幼儿入园时自带的收纳包	**检查物品** ○ 检查存放婴幼儿日常生活用品的柜体。 ○ 检查婴幼儿的教学用品收纳筐。 **归置物品** ○ 根据婴幼儿姓名，将单个婴幼儿的物品全部取出，并摆放在一起。 ○ 按照入园时的收纳方法，将所有物品分类收纳（如护肤用品装在一个收纳包里）。 ○ 婴幼儿的教学相关用品（艺术作品）放在文件夹内。 **物品准备** ○ 将所有归置好的物品依次放入书包，整齐地摆放好。 **穿戴整齐** ○ 将婴幼儿衣柜中的外套、手套、帽子、围巾等物品，依照天气和婴幼儿的需求，为婴幼儿穿戴整齐，其余的放入书包。	○ 为什么收纳婴幼儿物品时要一再进行名字核对？ ○ 一般情况下，放学返家时，婴幼儿需携带的物品有哪些？	**操作时间：** 放学离园前。 **注意事项：** 1. 如果婴幼儿当日有脱下来的脏衣，脏衣用专用袋装好后，不放入书包，单独交给家长。 2. 婴幼儿的穿戴衣物若书包装不下，可以在不影响婴幼儿安全的情况下，让其拿在手上，交给家长。 3. 存放物品余量不足 10%时，需在当日提醒家长在近期装备新的物品。 4. 教师整理物品时，应注意核对物品，确保物品与婴幼儿匹配，避免错装漏装。 5. 当日放学需携带的物品有：更换下来的衣物、当日学习作品、当日穿戴的衣物、书包、妈妈包。	□操作顺序无误 □操作方法无误 □口述内容无误 _____ 是否需要再次考核 □是　　□否 _____ □操作顺序无误 □操作方法无误 □口述内容无误 _____ △通过 △未通过

表 37　检核项目：活动后环境归位整理

物品准备	SOP 流程&SOC 检核操作内容	SOC 知识检核	操作指南	备注
○ 环境照片	**活动前观察** ○ 进入环境时，有意识地观察各物品的摆放，为活动结束后的收纳提供参考。 **小件物品归位** ○ 先将小件物品进行分类，找到物品所属的收纳筐，收入收纳筐。 ○ 观察收纳筐的标识，找到收纳柜对应的标识，摆放在对应位置。 **大件物品归位** ○ 将大件物品放回。 ○ 检查物品的卡扣（将体能组合玩具的卡位卡紧）。 ○ 将球类玩具放稳，使其不易移动。 **再次观察环境** ○ 再次观察环境，检查环境。 ○ 环境中存在的垃圾在离开前一并处理、带回。	○ 请描述活动后的环境归位流程。 ○ 在物品收纳过程中，如何引导婴幼儿一起参与？	**操作时间：** 活动后。 **注意事项：** 1. 对于小件物品，可以鼓励婴幼儿自己将物品归位。 乳儿班：婴儿拿起玩具放进收纳筐。 托小班：将同一类玩具都收进收纳筐内。 托大班：将玩具收进收纳筐中，并将收纳筐放回原位。 2. 移动大件物品时，先将婴幼儿组织到安全环境中，再进行挪动和操作。	□操作顺序无误 □操作方法无误 □口述内容无误 ―――――― 是否需要再次考核 □是　　□否 ―――――― □操作顺序无误 □操作方法无误 □口述内容无误 ―――――― △通过 △未通过

表 38　检核项目：组织玩具收纳

物品准备	SOP 流程&SOC 检核操作内容	SOC 知识检核	操作指南	备注
○ 收玩具的音乐、玩具	**播放音乐** ○ 教师播放收玩具的提示音乐，音量确保所有婴幼儿刚好可以听到。 **语言引导** ○ 教师温柔地进行语言提醒："我们的玩具宝宝想回家啦，我们一起帮帮忙吧。" **正向反馈** ○ 在婴幼儿收纳玩具的过程中，教师观察婴幼儿的收纳情况，并对个别婴幼儿的积极行为提供正向反馈，以对其他婴幼儿产生影响。例如："我看见果果很快把我们的玩具宝宝送回家啦！" **一对一引导/同伴互助** ○ 对于收纳行为表现消极或能力发展暂缓的婴幼儿，教师适时地提供一对一的帮助，或者根据情况，在双方同意的基础上，鼓励婴幼儿之间互相帮助。 **再次检查** ○ 在收纳行为整体结束后，教师邀请全体婴幼儿再一次观察环境，检查遗漏物品。 ○ 关闭音乐。	○ 为什么在收纳玩具时要播放音乐呢？ ○ 教师引导婴幼儿共同收拾玩具时可以采用哪些方法？	**操作时间：** 活动结束后。 **注意事项：** 1. 根据班级、婴幼儿年龄段和能力水平，组织婴幼儿收纳。 乳儿班：婴幼儿拿起玩具放进收纳筐。 托小班：将同一类玩具都收进收纳筐内。 托大班：将玩具收进收纳筐中，并将收纳筐放回原位。 2. 收纳玩具时可播放音乐释放收纳玩具的信号，更易被婴幼儿捕捉和接受。	□操作顺序无误 □操作方法无误 □口述内容无误 是否需要再次考核 □是　　□否 □操作顺序无误 □操作方法无误 □口述内容无误 △通过 △未通过

（四）活动安全

定义：教师对于婴幼儿在活动前、中、后期在人身、环境、活动组织等方面的风险把控。

意义与目的：保障婴幼儿的人身安全，使婴幼儿能够安心、自在地活动，并在活动中培养其一定的安全与自我保护意识。

原则：敏锐判断，反复多角度核查，保障婴幼儿安全。

组成：

1. 环境安全检查（见表 39）

2. 上下楼梯安全（见表 40）

3. 乘坐电梯安全（见表 41）

4. 户外活动安全排查（见表 42）

5. 乘坐出行车辆（乳儿班）（见表 43）

6. 室内安全事故预防（见表 44）

注意事项：

• 开展活动的前、中、后期，教师应时刻关注本班婴幼儿人数和行动方向。

• 开展室内外活动前，教师需要巡视活动区域周围。

• 开展室内外活动时，教师应时刻注意站位，确保每位婴幼儿都在视线范围内活动。

活动安全工作站

表 39　检核项目：环境安全检查

物品准备	SOP 流程&SOC 检核操作内容	SOC 知识检核	操作指南	备注
○ 风险排查登记表	○ 查看：教师在引导婴幼儿进入环境前（如艺术教室），上下左右里外扫视整个环境。 ○ 场地巡视：教师进入环境，围绕环境场地边走边巡视，近距离观察环境内的物品状态。 ○ 触摸：教师用手轻摸桌面、柜体或玩具表面，用双脚感知来排查地面是否存在异物（如草屑）。 ○ 调整：排查过程中如发现环境存在较小的安全风险且可以排除，则自行解决。 若安全风险较大且教师无法自行解决，则须立刻上报教学园长进行风险排除。 ○ 登记：将每次排查出的风险登记在风险排查登记表上。	○ 什么情况下教师要进行环境安全检查？ ○ 为什么教师要在活动开始前做环境安全检查？ ○ 请说说你认为环境安全检查应注意的事项。	**操作时间：** 婴幼儿进入下一个环境前。 **注意事项：** 1. 较小的安全风险：桌上、地上有散落的物品；桌子、椅子、柜子没有正确归位等；个别玩具、教具有小毛刺。 2. 较大的安全风险：玩具、教具中有伸出的铁丝，防撞角丢失；桌椅、柜子有凸出的螺丝钉；墙皮潮湿掉落。	□操作顺序无误 □操作方法无误 □口述内容无误 ___ 是否需要再次考核 □是　　□否 ___ □操作顺序无误 □操作方法无误 □口述内容无误 ___ △通过 △未通过

表 40　检核项目：上下楼梯安全

物品准备	SOP 流程&SOC 检核操作内容	SOC 知识检核	操作指南	备注
—	**准备流程** ○ 教师组织婴幼儿来到楼梯处，判断楼梯情况是否适合上/下楼梯，并告知婴幼儿一会儿要上/下楼梯。 ○ 以婴幼儿易懂的方式，告知婴幼儿上/下楼梯时如何保护好自己。 ○ 告知婴幼儿上/下楼梯的安排（如：3 个小朋友为一组上/下楼梯，或被摸到头的小朋友先上/下楼梯）。 ○ 带队教师清查婴幼儿人数，报数，让所有教师心里有数。 **上/下楼梯** ○ 教师 C 在原楼层看护婴幼儿。 ○ 教师 A 站在队伍的前端，组织 4 名（托大班 5 名）婴幼儿下楼，教师侧身下楼，教师 B 关闭安全围栏，站在婴幼儿旁侧，随队伍整体进度上/下楼梯。 ○ 待第一组婴幼儿安全到达平台后，教师 B 返回护送下一组婴幼儿。 ○ 最后一组婴幼儿由教师 B 站在队伍中第一位婴幼儿的旁侧，面向婴幼儿侧身上/下楼梯，教师 C 站在队伍旁侧，随队伍整体进度上/下楼。 ○ 第二三段楼梯待所有婴幼儿在第一平台集合后，重复以上站位，护送婴幼儿上/下楼梯。 ○ 待所有婴幼儿完成上/下楼梯后，教师再次清查人数并报出人数。	○ 乳儿班上/下楼梯时，若教师人手不足，可以寻求谁的帮助？ ○ 请描述当班级中运动能力较强的婴幼儿上/下楼梯时应如何安排。 ○ 其他婴幼儿在等待下楼时，教师可以采取什么行动？ ○ 你知道上/下楼梯时教师应考量的其他风险吗？ ○ 上/下楼梯时教师应如何配合站位保障婴幼儿安全？	**操作时间：** 每次上/下楼梯时。 **注意事项：** 1. 乳儿班上/下楼梯时，行政人员协助帮忙或分批次抱婴儿上/下楼梯。 2. 将班级中上/下楼梯能力较好的婴幼儿安排在只有教师 B 护送的环节。 3. 等待时，教师可以组织一些小游戏或趣味活动，给等待时间赋予趣味性。 4. 打开安全围栏时，确保围栏不会随意转动伤害到婴幼儿，使用后，即刻关闭安全围栏。 5. 注意关注婴幼儿之间是否存在推搡，如有，将关联婴幼儿从队伍中分离。	□操作顺序无误 □操作方法无误 □口述内容无误 ———————— 是否需要再次考核 □是　　□否 ———————— □操作顺序无误 □操作方法无误 □口述内容无误 ———————— △通过 △未通过

表 41　检核项目：乘坐电梯安全

物品准备	SOP 流程&SOC 检核操作内容	SOC 知识检核	操作指南	备注
○ 移动车（乳儿班）、对讲机或手机	**入梯准备** ○ 教师 A 按下电梯按钮，教师 B 和教师 C 组织婴幼儿在电梯门的右侧距离电梯门 1 米的位置等待。 **进入电梯** ○ 教师 A 率先进入电梯，准备接入婴幼儿，接到后让他们靠墙扶手站立。教师 B 站在电梯门外侧，电梯若没有 HOLD 键，则需要教师一手挡住门框，防止电梯门闭合，另一只手辅助婴幼儿进入电梯，传至教师 A 处。教师 C 在等待处照护好其他婴幼儿，向教师 B 传递婴幼儿。教师 A 清查婴幼儿人数，报数。教师 C 进入电梯前，回身再次检查是否有婴幼儿遗漏。 ○ 教师 A、教师 B 站在电梯内的两个角落，教师 C 站在电梯门口处，如果是乳儿班集体乘坐电梯（乘坐婴儿车进入），则教师以三角站位包围婴儿。 乳儿班乘坐电梯站位　　托小（大）班级乘坐电梯站位 **走出电梯** ○ 教师 C 先走出电梯，反身面向电梯门带出两名婴幼儿，并在距电梯 1 米处等待。 ○ 教师 B 在电梯门处，阻隔电梯门关闭，并向教师 C 传递婴幼儿。 ○ 教师 A 依次将婴幼儿交给教师 B，由教师 B 转交给教师 C。 ○ 教师 C 清查婴幼儿人数，报数。教师 A 离开走出电梯门后，回身再次检查是否有婴幼儿遗漏。	○ 在带领婴幼儿乘坐电梯时，教师应先进行哪些风险排查？ ○ 请描述各年龄段婴幼儿乘坐电梯时教师的站位？ ○ 如电梯发生意外事故，教师应如何安抚婴幼儿的情绪？ ○ 乘坐电梯时教师应怎样引导婴幼儿以避免发生安全事故？	**操作时间：** 乘坐电梯时。 **注意事项：** 1. 教师在进入电梯前，判断电梯环境是否安全，如有抽烟、醉酒等人员或会对婴幼儿造成安全风险的气味的情况，则等待下／另一部电梯。 2. 如乘坐电梯途中发生意外事故，教师应先稳定自己的情绪，不要惊慌，按照电梯指示进行求助后，用温柔而坚定的声音、趣味化的方式向婴幼儿解释情况。例如："我们的电梯睡着了，教师已经求助了电梯的管理员，很快他就会过来帮助我们把电梯叫醒。但是，现在我们需要一起用我们的后背靠紧电梯/抓住扶手……"若是等待时间较长，教师可以和婴幼儿分享故事。	□操作顺序无误 □操作方法无误 □口述内容无误 是否需要再次考核 □是　　□否 □操作顺序无误 □操作方法无误 □口述内容无误 △通过 △未通过

表 42　检核项目：户外活动安全排查

物品准备	SOP 流程&SOC 检核操作内容	SOC 知识检核	操作指南	备注
○ 户外风险排查登记表	**查看** ○ 教师在引导婴幼儿进入环境前，从上到下、从左到右、从前到后扫视整个环境。 **场地巡视** ○ 教师进入环境，围绕环境场地边走边快速巡视，近距离观察环境内的物品状态（如滑梯）。 **触摸** ○ 教师用手轻摸物品表面，用双脚感知来排查地面是否存在异物（如草体、沙土）。 **调整** ○ 排查过程中如发现环境存在较小的安全风险且可以排除，则自行解决。 ○ 若安全风险较大且教师无法自行解决，则须立刻上报负责人员进行风险排除。如不能立刻排除，则带离婴幼儿，进入安全环境。 **登记** ○ 将每次排查出的风险登记在户外风险排查登记表上。	○ 户外活动前的安全排查应如何进行？ ○ 户外风险排查是为了规避哪些危险因素？	**操作时间：** 户外活动时间。 **注意事项：** 1. 较小的安全风险：桌上、地上有散落的物品；桌子、椅子、柜子没有正确归位；个别玩具、教具有小毛刺。 2. 较大的安全风险：玩具、教具中有伸出的铁丝，防撞角丢失；桌椅、柜子有凸出的螺丝钉；墙皮潮湿掉落。 3. 户外风险排查还应该注意的风险因素有：户外活动区域及周边是否有流浪猫狗等动物；户外活动区域及周边是否有陌生嫌疑人、精神异常人员；户外活动区域及周边是否有车辆通行；户外活动区域及周边是否有聚集人群在开展活动，如有，则不适合进行户外活动；户外活动区域是否有可能导致意外伤害的异常物件，如有，须搬离。	□ 操作顺序无误 □ 操作方法无误 □ 口述内容无误 _____ 是否需要再次考核 □ 是　　□ 否 □ 操作顺序无误 □ 操作方法无误 □ 口述内容无误 _____ △ 通过 △ 未通过

表 43　检核项目：乘坐出行车辆（乳儿班）

物品准备	SOP 流程&SOC 检核操作内容	SOC 知识检核	操作指南	备注
○ 移动车、活动材料、水杯、汗巾、紧急救援包	**乘坐准备** ○ 将移动车移动到安全位置，将车轱辘锁定。 ○ 将户外活动所需的物品在移动车收纳包内进行归置。 **上车** ○ 教师 A 抱婴儿上车，待婴儿坐好后，教师 B 给婴儿系好安全带，再抱下一位婴儿上车。 ○ 教师 C 照护好正在等待的婴儿。 **行进** ○ 教师 A 在移动车的前方观察前方的道路安全。 ○ 教师 B 在移动车的一侧关注车内婴儿的情况。 ○ 教师 C 在移动车的后方推车，关注左右两侧的情况。 **下车** ○ 将移动车推到活动安全位置后，将车轱辘锁定。 ○ 将户外活动所需的物品从收纳包内拿出，一位教师看护婴儿，另外两位教师在布置场地的同时排查危险物。 ○ 教师 C 关注车内婴儿，教师 B 依次解开安全带，抱婴儿下车，教师 A 在活动场地内等待并接应婴儿。	○ 请描述上下车时的流程。 ○ 请说出出行前教师需准备的物资物料。 ○ 乘坐车辆时，怎样引导婴儿以避免发生安全意外？	**操作时间：** 户外活动时间。 **注意事项：** 1. 给车上婴儿系好安全带后，下一位婴儿才可以上车；同理，一位婴儿下车离开后，才可以给车内的另一位婴儿解开安全带。 2. 行进路上速度放缓，遇到路面障碍，教师配合尽量降低震动带给婴儿的影响。 3. 乘坐车辆时，提醒婴儿坐稳，抓住扶手；不在乘坐车辆时玩闹；乘车过程中教师可以引导婴儿听故事或唱童谣。	□操作顺序无误 □操作方法无误 □口述内容无误 ———— 是否需要再次考核 □是　□否 □操作顺序无误 □操作方法无误 □口述内容无误 ———— △通过 △未通过

表 44　室内安全事故预防

物品准备	SOP 流程&SOC 检核操作内容	SOC 知识检核	操作指南	备注
—	**开展活动** ○ 组织有趣味性的集体游戏活动，吸引婴幼儿的注意力，避免其离开教师视线、分散教师的注意力。 ○开展婴幼儿能够理解的安全教育活动，增强他们的安全和自我保护意识，了解身边可能存在的安全隐患（门夹手、电源安全等）。 **区域分配** ○ 当婴幼儿进入活动区域自主探索时，教师可以分管几个区域（例如：教师 A 负责阅读区和情绪小屋的婴幼儿，教师 B 负责建构区和操作区的婴幼儿，教师 C 负责看护全局、关注区域间游走的婴幼儿）。 **常规制定** ○ 教师与婴幼儿进行一日常规的制定，在一日流程中帮助婴幼儿知悉班级安全常规，了解行为对应的后果。 **环境提示** ○ 在教室环境创设中考虑并结合婴幼儿能够理解的标识或图案进行安全风险提示。	○ 为防止室内安全事故的发生，教师可以采用哪些方法进行预防？ ○ 教室内的环境安全提示应注意什么问题？	—	□操作顺序无误 □操作方法无误 □口述内容无误 是否需要再次考核 □是　□否 □操作顺序无误 □操作方法无误 □口述内容无误 △通过 △未通过

（五）生活照料

定义：为婴幼儿一日生活需求提供物资与精细化照护。

意义与目的：在发现并支持婴幼儿的生活需求的过程中，引导其发展自我照护的意识与能力。

原则：及时性，尊重及回应式，提供自主独立性的空间。

组成：

1. 洗手（见表 45）　　2. 漱口（见表 46）　　3. 如厕训练（见表 47）

4. 如厕及带领规则（见表 48）　　5. 粪便清洗（见表 49）　　6. 换尿布（乳儿班、托小班）（见表 50）

7. 换尿布（托大班）（见表 51）　　8. 尿布疹处理（见表 52）　　9. 喝水（见表 53）

10. 冲泡奶粉（见表 54）　　11. 喂辅食（见表 55）　　12. 喂奶（见表 56）

13. 哄睡（见表 57）　　14. 沐浴（见表 58）　　15. 出汗护理（见表 59）

16. 引导换鞋/换袜（见表 60）　　17. 垫汗巾（见表 61）　　18. 穿衣（见表 62）

19. 穿裤（见表 63）　　20. 脱衣（见表 64）　　21. 脱裤（见表 65）

22. 托小班、托大班用餐流程（见表 66）　　23. 分餐（托小班、托大班）（见表 67）　　24. 母乳解冻（见表 68）

25. 班级收餐（见表 69）　　26. 乳儿班用餐流程（见表 70）　　27. 消食活动（见表 71）

注意事项：

- 在进行生活照护时，教师要尊重婴幼儿的意愿和情绪，可以在开始前告知婴幼儿即将发生的事情，操作过程中与其保持语言沟通和积极的情绪互动。
- 照护过程应关注培养婴幼儿的安全意识，同时提高警觉，避免一切可能伤害婴幼儿的因素，包括身体的和心理的因素。防范意外事故的发生。
- 教师应时刻关注婴幼儿的身心需求信号，及时给予其回应和帮助。
- 教师严禁透露嫌弃、厌恶、不耐烦的情绪、表情、语言。

生活照料工作站

表 45   检核项目：洗手

物品准备	SOP 流程&SOC 检核操作内容	SOC 知识检核	操作指南	备注
○ 洗手液、儿歌、擦手纸、洗手邀请游戏	○ 组织婴幼儿排队去卫生间洗手。 ○ 婴幼儿分批次进入卫生间洗手（其他婴幼儿在入口的右侧等待）。 ○ 引导婴幼儿自己挽袖子(不会的婴幼儿由教师辅助)。 ○ 协助婴幼儿使用七步洗手法洗手。 ○ 观察婴幼儿是否自主关水、使用擦手纸以及放下袖子，教师提醒并适当帮助。 ○ 引导洗完手的婴幼儿沿着入口的左侧离开洗手间，回到教室。 ○ 盥洗台面地面及时清理水渍，避免婴幼儿衣服打湿。	○ 请说出教师帮助婴幼儿挽袖子的正确方法。 ○ 教师应如何组织婴幼儿排队洗手？ ○ 在洗手时，哪些地方容易产生水渍，从而造成哪些影响？	**操作时间：** 进班后、餐前、餐后，及其他需要洗手的时刻。 **注意事项：** 1. 教师可利用"七步洗手法"儿歌，培养婴幼儿对于七步洗手法的认知（两个好朋友手碰手，你背背我，我背背你，来了一只大螃蟹。大螃蟹，举起两只大钳子，大钳子，我和螃蟹点点头，点点头，螃蟹和我握握手，握握手）。 2. 如果婴幼儿洗手重在玩水，教师可以和婴幼儿共同洗手，一边洗一边唱七步洗手歌。 3. 如果婴幼儿不会主动拉下袖口，教师可帮助拉下一只袖子，另外一只让婴幼儿尝试自己完成。 4. 教师组织婴幼儿以安静活动为主。 5. 提前告知婴幼儿我们要准备洗手了，排队开火车一起去盥洗室。 6. 自理能力：挽袖子、七步洗手法、开水龙头、使用洗手液、关水龙头。 7. 使用擦手纸擦手以及放下袖子等，教师做引导以及适当帮助，鼓励婴幼儿自己做。 8. 引导婴幼儿学会排队等待。 9. 教师边说儿歌《挽袖口》，边用手捏住袖口，先挽前面再挽后面，一层一层向上挽起，一直到手肘处。 10. 注意及时清洁以下几个位置：洗手台、镜子、地面。	□操作顺序无误 □操作方法无误 □口述内容无误 ————— 是否需要再次考核 □是 □否 ————— □操作顺序无误 □操作方法无误 □口述内容无误 ————— △通过 △未通过

表 46   检核项目：漱口

物品准备	SOP 流程&SOC 检核操作内容	SOC 知识检核	操作指南	备注
○ 水杯、放置水杯的筐或小推车、45 ℃温水	○ 教师在婴幼儿用餐时将水杯准备好，放到餐后活动区。 ○ 婴幼儿擦完嘴后自己取水杯喝水漱口。 ○ 教师注意检查婴幼儿是否喝到了水，嘴巴里的饭菜是否吞咽完毕。引导婴幼儿将漱口水吐到水池里。 ○ 漱口结束后婴幼儿将水杯送回固定位置。	○ 婴幼儿漱口的水温应控制在多少摄氏度以避免烫伤? ○ 婴幼儿漱口时教师应当注意哪些事项? ○ 请描述带领婴幼儿漱口的流程。	**操作时间：** 餐后。 **注意事项：** 1. 为了直观观察到婴幼儿漱口量，教师可以倒入 1/2 的水量，鼓励婴幼儿将水用完。 2. 如婴幼儿不专注漱口，教师可以说："哇，水杯里的水快喝完啦，喝完就可以玩玩具了。" 3. 漱口水的水温控制在 45 ℃。 4. 教师指导婴幼儿用正确的方式漱口。 5. 对个别婴幼儿进行协助和引导。 6. 对于正确喝水漱口的婴幼儿做到及时鼓励。	□操作顺序无误 □操作方法无误 □口述内容无误 ——————— 是否需要再次考核 □是　　□否 □操作顺序无误 □操作方法无误 □口述内容无误 ——————— △通过 △未通过

表 47　检核项目：如厕训练

物品准备	SOP 流程&SOC 检核操作内容	SOC 知识检核	操作指南	备注
○ 小 马桶、纸巾、湿 巾、如厕 训 练裤、有关如 厕 训 练的绘本等	○ 教师评估或婴幼儿表达如厕需求后。 ○ 鼓励婴幼儿自己脱裤子，如需要帮助，应以协助引导的方式帮婴幼儿脱下裤子。 ○ 让婴幼儿坐在马桶上自主如厕。 ○ 排便完成后让婴幼儿自己拿纸清洁小屁屁，教师应给予帮助和引导。 ○ 穿好裤子，由里到外一层一层穿好，冬天帮助婴幼儿将贴身衣物扎进裤子里。 ○ 清洁双手。 ○ 完成如厕。	○ 请说出婴幼儿有排便需要的几个明显特征。 ○ 当婴幼儿便后自行清洁时，教师应当给予什么帮助？ ○ 当婴幼儿如厕时出现排斥情绪，教师应如何应对？	**注意事项：** 1. 婴幼儿进行如厕训练的时机：白天，婴幼儿的纸尿裤 2～3 小时没有尿液，或午睡后纸尿裤是干爽的；婴幼儿会用"尿尿""拉"等语言表达，或指着下腹部来表示自己的如厕需求。 2. 准备的小马桶高度要适宜，选择易穿脱的裤子。 3. 可以准备干净的马桶，以游戏的形式引导婴幼儿认识马桶，给婴幼儿介绍马桶的用处，让婴幼儿一一尝试坐马桶。 4. 准备一些关于如厕训练的绘本等吸引婴幼儿对如厕产生兴趣。 5. 每天定时带婴幼儿坐到小马桶上（不超过 10 分钟）解便，让婴幼儿熟悉小马桶及卫生间环境。 6. 当婴幼儿对于如厕训练表现出排斥时，不要强迫婴幼儿，应正面为婴幼儿讲解排便的方式并注意保护婴幼儿隐私。"如果想尿尿，可以告诉老师哟。老师会带你到厕所帮助你的。" 7. 如厕训练需建立在婴幼儿自身对如厕训练心理接受的基础上，不应以月龄为训练标准。	□操作顺序无误 □操作方法无误 □口述内容无误 ————— 是否需要再次考核 □是　　□否 ————— □操作顺序无误 □操作方法无误 □口述内容无误 ————— △通过 △未通过

表 48　检核项目：如厕及带领规则

物品准备	SOP 流程&SOC 检核操作内容	SOC 知识检核	操作指南	备注
○ 纸巾、湿纸巾、洗手液	**询问需求与集合** ○ 询问婴幼儿是否有如厕需求。 ○ 如果有多个婴幼儿有如厕需求，教师应引导婴幼儿在盥洗室门口集合，并根据人数和对应的坐便器进行合理分配，超出的婴幼儿在门口稍作等待。 **如厕与洗手** ○ 对需要帮助的婴幼儿，教师应协助他们脱下裤子。 ○ 鼓励婴幼儿自主提起裤子，引导婴幼儿走到洗手台，使用七步洗手法清洗双手并擦干。	如果存在婴幼儿很急而坐便器不够的情况，如何处理？	**操作时间：** 婴幼儿有如厕需求时。 **注意事项：** 超出坐便器数量的部分婴幼儿如果需求很急，教师应尽快协调进入的婴幼儿人选，可以和一位不太着急的婴幼儿商量，征得其同意。若实在无法协调，可借用其他班级的如厕空间。	□操作顺序无误 □操作方法无误 □口述内容无误 ———————— 是否需要再次考核 □是　　□否 ———————— □操作顺序无误 □操作方法无误 □口述内容无误 ———————— △通过 △未通过

表 49   检核项目：粪便清洗

物品准备	SOP 流程&SOC 检核操作内容	SOC 知识检核	操作指南	备注
○ 尿不湿、棉柔巾、一次性手套、浴巾、屁屁霜、小玩具（如果需要转移婴幼儿注意力）	○ 发现婴幼儿将便便拉在尿不湿上，告知婴幼儿："你拉便便啦，我们去换尿不湿吧。" ○ 用七步洗手法洗净双手，右手戴上一次性手套。 ○ 准备好物资，铺好浴巾，把水温调至 38～40 ℃，将婴幼儿抱到尿布台，衣物往上卷，褪去裤袜。 ○ 清洁屁屁，把脏尿布卷好丢弃。 ○ 如屁股上有较多残留粪便，则先将棉柔巾打湿再清理。 ○ 将幼儿放进淋浴池，引导幼儿手扶淋浴池（托大班）；将婴幼儿抱进洗便池，引导婴幼儿趴下，手肘撑在洗便池旁的台面上（托小班、乳儿班）。 ○ 在手背上试水温，水温合适后，从前往后清洗臀部上的便便，注意清洗生殖器上残留的粪便。 ○ 冲洗完毕将婴幼儿抱上尿布台，教师身体前倾，一只手护住婴幼儿，脱下手套丢弃。 ○ 用浴巾将婴幼儿身体擦干。 ○ 包上尿布，整理衣裤。	○ 请描述为婴幼儿清洗粪便的方法。 ○ 请说出为婴幼儿清洗粪便的水温。 ○ 请描述教师支持婴幼儿进行如厕训练的方法。	**操作时间：** 发现婴幼儿将便便拉在尿不湿里时。 **注意事项：** 1. 如幼儿正在做如厕训练，教师可定时提醒幼儿如厕，在日常生活中，提供关于如厕的绘本以及发出如厕信号的方式。（托大班） 2. 如发现婴幼儿把便便拉在尿不湿里了，教师应说："哦，原来你拉便便了，老师帮你清洗干净，你就舒服了。"（托小班、乳儿班）"你如果想拉便便，可以过来拉拉老师的手，或大胆告诉老师。"（托大班） 3. 清洗过程中，教师一手从婴儿胸前环抱固定，手臂支撑在台面上，可以引导年龄较大的婴儿自己用手撑住。 4. 水温控制在 38～40 ℃。 5. 引导婴幼儿配合教师清洗屁股。 6. 引导婴幼儿对教师表达感谢。 7. 引导幼儿有便意时会发出信号或直接告诉教师。（托小班、托大班） 8. 当婴幼儿能主动表明自己的需求时，教师应当立即表扬。	□操作顺序无误 □操作方法无误 □口述内容无误 ————— 是否需要再次考核 □是　　□否 □操作顺序无误 □操作方法无误 □口述内容无误 ————— △通过 △未通过

表 50　检核项目：换尿布（乳儿班、托小班）

物品准备	SOP 流程&SOC 检核操作内容	SOC 知识检核	操作指南	备注
○ 尿不湿、隔尿垫、护臀膏、棉柔巾	○ 教师用七步洗手法洗净双手，铺好隔尿垫，准备好更换尿布所需的商品。 ○ 询问婴幼儿："宝宝是不是不舒服，我们去换尿不湿吧。" ○ 将婴幼儿抱上尿布台/婴儿床，给婴幼儿脱裤。 ○ 打开尿布，将两边的毛毡扣立即粘回。抬起双腿，抽出脏尿布，查看尿布上尿液的多少或粪便的颜色及性状。 ○ 单手握住婴幼儿脚踝，屈膝固定大腿，查看其屁屁。 ○ 确认婴幼儿无异常后，用棉柔巾擦拭，保持皮肤干燥。 ○ 将新尿布打开垫在屁屁下方。 ○ 将两侧腰贴左右对称贴上。 ○ 腰贴粘好后，注意用两个手指伸进腰部整理，并感受松紧是否合适，再以手指顺一下两边大腿内侧。 ○ 将婴幼儿衣物穿戴整齐，把其抱到安全的地方。 ○ 收纳台面。 ○ 教师清洗双手。	○ 请说出为婴幼儿脱掉尿布的流程。 ○ 请描述更换尿布时教师要查看婴幼儿屁屁的原因。	**操作时间：** 婴幼儿尿湿或排便后，入园后每隔 2 个小时。 **注意事项：** 1. 提前做好婴幼儿心理建设。 2. 引导婴幼儿配合教师换尿布。 3. 引导婴幼儿对教师表达感谢。 4. 引导婴幼儿将自己的尿布扔进垃圾桶。 5. 当婴儿躺在尿布台上情绪波动大时，教师可引导婴儿看向悬挂玩具，待婴儿情绪稳定后再进行下一步操作。（乳儿班） 6. 如呼唤幼儿来换尿布，但幼儿只专注游戏，这时教师可以说"宝宝来自己选尿不湿哦。"（托小班） 7. 及时发现婴幼儿是否存在尿布疹的情况，如果存在，及时使用护臀膏，在幼儿的臀部建立一层保护膜，防止进一步感染和过敏。	□操作顺序无误 □操作方法无误 □口述内容无误 ——————— 是否需要再次考核 □是　　□否 ——————— □操作顺序无误 □操作方法无误 □口述内容无误 ——————— △通过 △未通过

表 51　检核项目：换尿布（托大班）

物品准备	SOP 流程&SOC 检核操作内容	SOC 知识检核	操作指南	备注
○尿不湿/拉拉裤、护臀膏、湿纸巾、消毒喷壶	○ 教师用七步洗手法洗净双手，准备好更换尿布所需的用品。 ○ 告知幼儿即将要换尿不湿。 ○ 引导幼儿进入洗手间，坐在椅子上。 ○ 穿上新的拉拉裤，提到膝盖处；撕开脏的拉拉裤，请幼儿站起来，抽出脏尿布。 ○ 查看幼儿屁股有无红肿。 ○ 将新拉拉裤穿上。 ○ 整理拉拉裤的边缘，注意对称。 ○ 穿好后注意用两个手指伸进腰部整理，并感受松紧是否合适，再以手指顺一下两边大腿内侧。 ○ 将幼儿衣物穿戴整齐，引导幼儿到安全的地方。 ○ 教师喷洒酒精消毒椅子。	○ 请说出为幼儿脱掉尿布的流程。 ○ 请说出为幼儿更换尿布的流程。 ○ 请描述更换尿布时教师要查看幼儿屁股的原因。	**操作时间：** 幼儿尿湿或排便后，入园后每隔 2 个小时。 **注意事项：** 1. 提前做好幼儿心理建设。 2. 引导幼儿配合教师换尿布。 3. 引导幼儿对教师表达感谢。 4. 引导幼儿将自己的尿布扔进垃圾桶。 5. 及时发现幼儿是否存在尿布疹的情况，如果存在，及时使用护臀膏，在幼儿的臀部建立一层保护膜，防止进一步感染和过敏。 6. 可以尝试引导幼儿自己提起拉拉裤和裤子。	□操作顺序无误 □操作方法无误 □口述内容无误 ———————— 是否需要再次考核 □是　　□否 □操作顺序无误 □操作方法无误 □口述内容无误 ———————— △通过 △未通过

表 52　检核项目：尿布疹处理

物品准备	SOP 流程&SOC 检核操作内容	SOC 知识检核	操作指南	备注
○ 护臀膏、尿不湿、婴儿棉签	○ 教师用七步洗手法洗净双手。 ○ 将棉柔巾用温水打湿，拧至半干。 ○ 轻轻点按患处。 ○ 用棉签（婴儿棉签）蘸取家长提供的护臀膏，从上往下均匀涂抹。 ○ 处理好后即可包上尿布。	○ 请说为婴幼儿冲洗患处时的注意事项。 ○ 教师在为婴幼儿处理尿布疹时，可以与婴幼儿进行怎么样的沟通？	**操作时间：** 发现尿布疹后，以及每隔 30 分钟。 **注意事项：** 1. 教师提前告知婴幼儿，如："宝宝，我们现在要清洗屁屁哦。" 2. 在清洗婴幼儿患处时，要轻声安抚婴幼儿，如："宝宝，我知道你现在不舒服，老师会轻轻地，洗干净了你就会舒服一些了。" 3. 轻柔擦拭婴幼儿患处时，教师要和婴幼儿对话，如："宝宝，现在舒服一些了吗？""老师现在轻轻地哦。" 4. 用过护臀膏后，教师要告知婴幼儿结果，如："宝宝，现在好了，舒服了吧？如果还有不舒服，你要告诉老师哦。" 5. 婴幼儿能够配合教师洗屁屁。 6. 婴幼儿在教师帮其洗屁屁时能够扶住浴池边缘站立。 7. 当屁屁不舒服时，幼儿能够用手指着屁屁示意。（托小班） 8. 当屁屁不舒服时，幼儿能主动找到教师表明需求。（托大班） 9. 冲洗时切勿用手搓患处（增加疼痛）。	□操作顺序无误 □操作方法无误 □口述内容无误 ———— 是否需要再次考核 □是　　□否 ———— □操作顺序无误 □操作方法无误 □口述内容无误 ———— △通过 △未通过

表 53　检核项目：喝水

物品准备	SOP 流程&SOC 检核操作内容	SOC 知识检核	操作指南	备注
○ 水杯、水杯筐、饮水记录表（App）	○ 将婴幼儿水杯全部接好 45 ℃温水。 ○ 将水杯放进水杯筐，并统一放到幼儿随手可以拿到的地方（托小班、托大班），可以鼓励个别幼儿轮流为大家服务（托大班）。 ○ 引导婴幼儿取水杯喝水，鼓励婴幼儿每次多喝水，每次以 30~50 mL 为宜（约 4 口）。 ○ 每次喝完水后检查婴幼儿饮水量并做好记录。 ○ 6 个月以内的婴幼儿无须额外补充水量；6~12 个月的婴幼儿总饮水量为 900 mL，奶量为 600 mL；12~36 个月的婴幼儿总饮水量为 1300 mL，奶量为 500 mL。	○ 婴幼儿喝的水温应保持在多少度？ ○ 请说出各年龄阶段的婴幼儿每日的饮水量与奶量。	**操作时间：** 婴幼儿有体能消耗后，每隔 40~60 分钟，或婴幼儿有饮水需求。 **注意事项：** 1. 鼓励婴幼儿自己取水杯并拿着水杯喝水。 2. 帮助婴幼儿养成喝完水将水杯送回水杯筐的生活习惯。 3. 逐步引导幼儿认识自己及班级其他小朋友的水杯，并给大家分发水杯（托小班、托大班）。 4. 避免在餐前大量饮水。餐前大量饮水会导致婴幼儿进餐量不足。	□操作顺序无误 □操作方法无误 □口述内容无误 是否需要再次考核 □是　　□否 □操作顺序无误 □操作方法无误 □口述内容无误 □通过 □未通过

表 54   检核项目：冲泡奶粉

物品准备	SOP 流程&SOC 检核操作内容	SOC 知识检核	操作指南	备注
○ 奶粉、奶瓶、温水	○ 按七步洗手法将双手清洗干净。 ○ 从消毒柜中取出婴幼儿的奶瓶、奶嘴及奶瓶盖。 ○ 取出奶粉格，检查奶瓶与奶粉格名字是否一致。 ○ 将奶瓶打开，将奶嘴及奶瓶最外面的盖子组装到一起。 ○ 将 45℃温开水倒入奶瓶，并将奶瓶放置于平面，确认奶量和家长的要求一致。 ○ 打开奶粉格，将一格奶粉倒入奶瓶，拧上奶瓶盖。 ○ 双手来回搓动使奶粉溶于温开水，观察底部是否有沉淀，确认奶粉完全溶解。 ○ 倒置奶瓶，从奶嘴处滴出一滴奶，在手腕内侧测试温度是否合适。 ○ 温度合适后打开瓶嘴，释放瓶内气体。 ○ 将奶瓶递给婴幼儿，注意奶瓶须与婴幼儿对应。	○ 为什么冲泡奶粉时需要先试温再给婴幼儿食用？ ○ 冲泡奶粉时需要进行几次姓名和物品的核对？分别是在哪些环节？ ○ 给婴幼儿冲泡奶粉时，教师应如何保证个人卫生清洁？	**操作时间：** 进餐时间或睡前。 **注意事项：** 1. 须注意先倒入温水再倒入奶粉，顺序不可颠倒。 2. 水温为 45℃，最高不可超过 50℃（如发现没有恒温水，立即上报中心主任联系维修处理）。 3. 让婴幼儿到固定位置喝奶，不可拿着奶瓶边玩边喝，防止呛奶。 4. 园区不接受罐装奶粉，必须用奶粉格或密封袋分装好每次的量，如果是乳儿班的婴儿，建议家长多准备 1 次的量。 5. 奶瓶、奶瓶盖、奶粉格都需要贴上婴幼儿的姓名及饮奶量。 6. 发现奶粉分装盒子脏了，可提醒家长进行清洗消毒。	□操作顺序无误 □操作方法无误 □口述内容无误 是否需要再次考核 □是 □否 □操作顺序无误 □操作方法无误 □口述内容无误 △通过 △未通过

表55　检核项目：喂辅食

物品准备	SOP 流程&SOC 检核操作内容	SOC 知识检核	操作指南	备注
○ 贴有婴幼儿照片的托盘、帮宝椅、婴幼儿辅食碗和勺子、擦嘴巾	**流程1　物资准备** ○ 将婴幼儿的椅子摆放在合适的位置。 ○ 将婴幼儿盛放辅食的碗放在托盘上面（托盘上有自己负责喂食的婴幼儿照片/姓名）。 **流程2　人员准备** ○ 教师坐在自己所负责喂食的婴幼儿中间，确保与每一名婴幼儿的距离合适。 ○ 教师根据托盘上的照片，核实自己喂食的婴幼儿是否正确。 **流程3　喂食** ○ 教师用婴幼儿专用的勺子，在碗中盛出一勺的量，轻柔地将食物喂到婴幼儿的嘴巴里。 ○ 食物如果从嘴巴里外溢，教师可以用勺子轻轻地将食物刮进勺子，再次喂给婴幼儿。残留物用擦嘴巾擦去。 ○ 依次轮流喂食所负责的婴幼儿。 **流程4　回收** ○ 教师将所有的碗和勺子，匹配婴幼儿照片，放入托盘内，准备清洗。	○ 请说出每个年龄层的婴幼儿大致的辅食量。 ○ 为什么辅食碗要放在贴有婴幼儿照片或姓名的托盘中？ ○ 教师如何培养托小班、托大班幼儿的自主进食能力？	**操作时间：** 进餐时间。 **注意事项：** 1. [6～8月龄] 辅食频次：尝试逐渐增加到每日1～2餐，以母乳喂养为主。辅食数量：每餐从10～20 mL，逐渐增加到约125 mL。 2. [9～12月龄] 辅食频次：规律进食，每日2～3餐，1～2次加餐，并继续母乳喂养。辅食数量：每餐逐渐增加到约180 mL。 3. [1～2岁] 辅食频次：每日3餐，2次加餐，继续母乳喂养。辅食数量：每餐从约180 mL 逐渐增加至约250 mL。	□操作顺序无误 □操作方法无误 □口述内容无误 是否需要再次考核 □是　　□否 □操作顺序无误 □操作方法无误 □口述内容无误 △通过 △未通过

表 56   检核项目：喂奶

物品准备	SOP 流程&SOC 检核操作内容	SOC 知识检核	操作指南	备注
○ 奶瓶、奶粉、棉柔纸巾	**流程：** ○ 温柔地告知婴幼儿即将要喝奶了。 ○ 教师核对奶瓶标识和婴幼儿的姓名是否一致，将奶瓶和棉柔巾拿到喝奶的地方。 ○ 将婴幼儿抱到喝奶的位置，教师选择舒适的姿势坐好。 **针对需要抱喂的婴幼儿：** ○一只手将婴幼儿横抱，抱婴幼儿的手臂找到一个支撑点，让婴幼儿的身体呈头高脚低的姿态。 ○ 拿起奶瓶，打开奶瓶盖，再次用手腕处测试奶的温度。 ○ 将奶瓶呈 45°排气孔朝上奶水充分溢满奶嘴，喂给婴幼儿吮吸。 ○ 喝完后，奶瓶放到安全的地方，将婴幼儿竖抱，头靠在教师肩上，给婴幼儿拍嗝。 ○ 将婴幼儿抱到安全的地方。 ○ 收拾整理冲泡奶粉的台面及物品。 **针对可以独立喝奶的婴幼儿：** ○将婴幼儿轻轻地放置在 U 形枕上或床上，头部垫高。 ○将奶瓶稳稳地交给婴幼儿，引导婴幼儿抓住奶瓶。	○ 给婴幼儿拍嗝时应用什么样的姿势进行？ ○ 给婴幼儿喂奶时，教师应以什么样的姿势抱着婴幼儿？ ○ 请说出喂奶时奶瓶的倾斜角度。	**操作时间：** 进餐时间或睡醒前后。 **注意事项：** 1. 每次使用前注意检查奶嘴孔是否完整。 2. 准备过程中和喝完以后多和婴幼儿进行语言互动，在婴幼儿喝奶过程中与其适当沟通，多进行眼神交流，注意不能边喝奶边逗引婴幼儿。 3. 拍嗝：将婴幼儿头靠在教师肩上，口鼻朝外，一只手护住婴幼儿，另一只手呈空心状，从下往上轻拍婴幼儿背部。	□操作顺序无误 □操作方法无误 □口述内容无误 是否需要再次考核 □是 □否 □操作顺序无误 □操作方法无误 □口述内容无误 △通过 △未通过

表 57　检核项目：哄睡

物品准备	SOP 流程&SOC 检核操作内容	SOC 知识检核	操作指南	备注
○ 绘本、摇篮曲、音箱	○ 提醒婴幼儿即将午睡。 ○ 婴幼儿安静等待教师协助更换尿不湿和睡衣。 ○ 婴幼儿自主入睡，教师用所有婴幼儿能够听到的声音阅读绘本或播放摇篮曲。 ○ 教师根据婴幼儿整体的睡眠情况，调整自己的位置和音量。 ○ 针对个别长时间不睡觉的婴幼儿，进行单独安抚和陪伴。	○ 睡眠时间的室内光线营造有哪些注意要点？ ○ 婴幼儿睡眠时教师应多久进行一次巡视？ ○ 睡眠时的巡逻视察包含哪些工作事项？ ○ 针对入睡困难的婴幼儿，教师可以使用哪些哄睡技巧？	**注意事项：** 1. 营造安静氛围的入睡环境，播放的摇篮曲音量适中。 2. 教师在更换尿不湿时，注意站位分工，保证所有婴幼儿在教师的视线范围内。 3. 教师在更换尿不湿时注意遮盖婴幼儿的隐私部位。 4. 提前与家长沟通婴幼儿的睡眠习惯，根据婴幼儿睡觉习惯进行安抚，并与家长沟通家园共育，调整作息时间。 5. 婴幼儿长时间不睡觉可根据婴幼儿的睡眠习惯进行安抚，辅以适当抱抱、轻声安抚、轻抚眉毛等安抚动作，平复婴幼儿情绪，让婴幼儿慢慢适应睡觉环境。 6. 睡觉时间哭闹的婴幼儿，教师需单独安抚，了解婴幼儿需求，是困了睡不着，还是需要安抚物或是不习惯睡午觉。温柔安抚婴幼儿，及时满足婴幼儿的生理及情绪需求。原则上尽量不将婴幼儿带出教室。 7. 新入园的婴幼儿，尤其是 2 岁以下的婴幼儿，经常会出现入睡半个小时左右就会醒来的情况，这是因为婴幼儿对新的环境还没有建立足够的安全感，教师需要多关注，帮助婴幼儿接觉，在婴幼儿醒来之前提前坐到婴幼儿身边陪伴或轻拍。 8. 在婴幼儿睡眠时，至少有一个教师是清醒的，按照睡眠监护标准进行照护。 9. 查看婴幼儿的睡姿、呼吸、盖被情况；关注光线和声音对婴幼儿产生的影响；检查婴幼儿身上或床上是否存在异物。	□操作顺序无误 □操作方法无误 □口述内容无误 是否需要再次考核 □是　　□否 □操作顺序无误 □操作方法无误 □口述内容无误 △通过 △未通过

表 58　检核项目：沐浴

物品准备	SOP 流程&SOC 检核操作内容	SOC 知识检核	操作指南	备注
○ 沐浴乳、浴巾、澡盆、棉花棒、尿布、润肤乳(按摩需要)、婴幼儿另一套衣物	○ 将浴巾摊开摆好。 ○ 冲洗刷净澡盆后放水洗澡，查看水温计，确定水温保持在 38～40℃。 ○ 将婴幼儿轻轻抱上台面，为婴幼儿洗净脸部。 ○ 脱去婴幼儿身上衣物（只剩尿布）。 ○ 用最后一件衣物盖住婴幼儿身体。 ○ 清洗头部。 ○ 将头部泡沫冲洗干净，为婴幼儿擦干头部。 ○ 脱去尿布（把尿布粘贴好后丢弃）。 ○ 清洗婴幼儿背部及臀部，搓洗股沟处（此处易卡污垢）。 ○ 轻抬下巴，清洗脖子（此处易卡污垢）。 ○ 搓洗双手及腋下部位（此处易卡污垢）。 ○ 抬起臀部清洗生殖器。 ○ 轻轻把包皮往下推，清洁污垢。 ○ 搓洗每根脚趾及趾缝（此处易卡污垢）。 ○ 搓洗每根手指及指缝（此处易卡污垢）。 ○ 搓洗手、腿部等关节处（此处易卡污垢）。 ○ 最后检查身体是否残留沐浴乳。 ○ 确认干净后将澡盆中的水放掉。 ○ 用浴巾包住身体，将水吸干。 ○ 用浴巾盖住胸部，将尿布包好。 ○ 用棉花棒清洁双耳外廓（勿深入）。 ○ 按摩后为婴幼儿穿好衣物。	○ 请说出婴幼儿身上容易藏有污垢的部位。 ○ 请说出婴幼儿沐浴时的适宜水温。 ○ 请说出婴幼儿沐浴时的清洗顺序。 ○ 请说出为婴幼儿沐浴前教师需准备的物品。 ○ 沐浴时教师应运用何种手势托着婴幼儿?	注意事项： 1. 注意避免让水进入婴幼儿的口、眼、耳、鼻。 2. 时刻关注水温，避免刺激婴幼儿皮肤。 3. 注意保护婴幼儿隐私。 4. 注意室内整体温度，及时为婴幼儿擦干身体，按摩后及时穿衣。 5. 教师指甲不可过长，务必摘除手上的首饰。	□操作顺序无误 □操作方法无误 □口述内容无误 ———— 是否需要再次考核 □是　　□否 ———— □操作顺序无误 □操作方法无误 □口述内容无误 ———— △通过 △未通过

表 59   检核项目：出汗护理

物品准备	SOP 流程&SOC 检核操作内容	SOC 知识检核	操作指南	备注
○ 棉柔巾、备用衣物	○ 准备棉柔巾。 ○ 查看婴幼儿出汗部位及出汗情况。 ○ 用棉柔巾擦拭婴幼儿出汗部位。 ○ 将用过的棉柔巾扔掉。	○ 婴幼儿的头部汗湿应如何进行护理? ○ 婴幼儿衣物汗湿时应如何进行护理? ○ 教师单独为一名婴幼儿进行出汗护理时，应顾及什么? ○ 为什么需在汗湿后及时为婴幼儿擦干或换衣?	**注意事项：** 1. 婴幼儿的体温调节机制还不够完善，湿答答的衣服会带走大量热量，导致婴幼儿生病。 2. 婴幼儿头部出汗，需要先用棉柔巾擦干后，再用吹风机吹干头发。 3. 婴幼儿背部出汗，教师应面对婴幼儿背部，将手从婴幼儿衣服下摆处伸进，从上往下擦拭。 4. 在婴幼儿背部衣服被汗打湿的情况下，教师需及时为婴幼儿换衣服。 5. 婴幼儿脖子出汗时，需先用棉柔巾将婴幼儿脖子上的汗水擦干，再用湿巾或潮湿的棉柔巾清洁汗渍。 6. 教师在为婴幼儿护理时，需面对班级所有婴幼儿，保证其余婴幼儿在教师的视线范围内。 7. 教师在为婴幼儿做出汗护理时，需要提前告知婴幼儿，如："宝宝，老师现在要帮助你擦汗哦。" 8. 鼓励、引导婴幼儿尝试自取棉柔巾（托小班、托大班）。 9. 指导能力强的婴幼儿自己擦拭头部汗水，如："宝宝，你愿意自己擦擦头吗?" 10. 指导婴幼儿自己将用过的棉柔巾扔进垃圾桶。 11. 鼓励婴幼儿自己尝试穿脱衣服（托大班）。	□操作顺序无误 □操作方法无误 □口述内容无误 ——————— 是否需要再次考核 □是 □否 ——————— □操作顺序无误 □操作方法无误 □口述内容无误 ——————— △通过 △未通过

表 60　检核项目：引导换鞋/换袜

物品准备	SOP 流程&SOC 检核操作内容	SOC 知识检核	操作指南	备注
○ 鞋子、防滑袜子、包/柜体	○ 提前告知婴幼儿将开始换鞋/袜。 ○ 将要换上的鞋/袜从包里/柜子中取出来。 ○ 检查鞋/袜内外是否有异物。 ○ 坐在座位上，脱下原本在脚上的鞋/袜（可鼓励托小班、托大班婴幼儿自主完成）。 ○ 将要换上的鞋/袜依次穿好，确保鞋/袜的边沿被理顺（询问婴幼儿感觉是否舒适）。 ○ 将换下来的鞋/袜放回包里带回家清洗（可鼓励托小班、托大班婴幼儿自行放回）。	○ 请说出为婴幼儿更换鞋袜的流程。 ○ 请说出为什么我们要坚持让婴幼儿入园时穿防滑袜。	**操作时间：** 进出园所需要更换鞋袜时。 **注意事项：** 1. 过程中尽量鼓励婴幼儿的自主能动性，特别是托小班和托大班的幼儿。 2. 给婴幼儿换鞋/袜后，可观察一段时间婴幼儿的表情和反应，看是否有不适反应。 3. 安全起见，进入园所需要穿戴防滑袜。防滑袜底部有橡胶粒，可以加大阻力，起到防滑的作用。	□操作顺序无误 □操作方法无误 □口述内容无误 是否需要再次考核 □是　□否 □操作顺序无误 □操作方法无误 □口述内容无误 △通过 △未通过

表 61　检核项目：垫汗巾

物品准备	SOP 流程&SOC 检核操作内容	SOC 知识检核	操作指南	备注
○　私人汗巾	○　面对婴幼儿背部盘腿坐下或跪坐。 ○　教师需先搓热双手，将手从婴幼儿的衣服下摆处伸入，再将汗巾顶端拉出整理，汗巾的 1/3 应该暴露在衣服外部。 ○　双手伸进婴幼儿的背部，整理垫好的汗巾。 ○　整理婴幼儿衣物。	○　什么情况下可以不垫汗巾直接更换干爽衣物？ ○　在婴幼儿背部已经出汗的情况下，教师应当如何照护？ ○　什么情况下需要垫汗巾？	**操作时间：** 户外活动或体能类活动开始前。 **注意事项：** 1. 婴幼儿的体温调节机制还不够完善，湿答答的衣服会带走大量热量，导致婴幼儿生病。 2. 教师在为婴幼儿护理时，需面对班级所有婴幼儿，保证其余婴幼儿在教师的视线范围内。 3. 教师在为婴幼儿做出汗护理时，需要提前告知婴幼儿，如："宝宝，老师现在要帮你擦汗哦。" 4. 鼓励、引导婴幼儿尝试自取棉柔巾（托小班、托大班）。 5. 指导能力强的婴幼儿自己擦拭头部汗水，如："宝宝，你愿意自己擦擦头吗？" 6. 请婴幼儿自己将用过的棉柔巾扔进垃圾桶。 7. 鼓励幼儿自己尝试穿脱衣服（托大班）。 8. 婴幼儿头发汗湿时需要先用棉柔巾擦干，再用吹风机吹干头发。 9. 婴幼儿背部出汗时，教师需要背对婴幼儿，将手从婴幼儿衣服下摆处伸入，从上往下擦拭。 10. 在婴幼儿背部衣服被汗打湿的情况下，教师需要及时为婴幼儿换衣服。 11. 婴幼儿脖子出汗时，需先用棉柔巾将婴幼儿脖子上的汗擦干，再用湿巾或潮湿的棉柔巾清洁汗渍。	□操作顺序无误 □操作方法无误 □口述内容无误 是否需要再次考核 □是　　□否 □操作顺序无误 □操作方法无误 □口述内容无误 △通过 △未通过

表 62　检核项目：穿衣

物品准备	SOP 流程&SOC 检核操作内容	SOC 知识检核	操作指南	备注
○ 装衣服的篮子挂钩	**套头式** ○ 提前告知婴幼儿即将穿衣服。 ○ 展开衣服，整理好，做好穿衣准备。 ○ 先将婴幼儿的头套入衣服。 ○ 握住婴幼儿手臂，确定婴幼儿手臂呈放松的状态，将婴幼儿一只手臂套入衣袖，从袖口处轻轻拉出婴幼儿手臂，另一只手同上。 ○ 整理好衣服。 **开衫式** ○ 握住婴幼儿手臂，确定婴幼儿手臂呈放松的状态。 ○ 将婴幼儿手臂套入衣袖，从袖口处轻轻拉出婴幼儿手臂，另一只手同上。 ○ 依次扣好衣扣，拉好拉链。	○ 请说出婴幼儿穿衣的流程。 ○ 哪些衣服是不适宜婴幼儿穿的？ ○ 为婴幼儿更换衣物时，如果用力过度会对婴幼儿产生哪些身体伤害？ ○ 为婴幼儿更换衣物时应如何保护其隐私？	**注意事项：** 1. 为保证婴幼儿的安全与舒适，避免穿着带有易脱落装饰（如绳子、亮片、链条、铆钉等）或影响活动的衣物。 2. 避免线头缠绕拉伤婴幼儿皮肤。 3. 拉扯衣服和手臂时掌控好力度，避免脱臼等危险。 4. 动作轻柔，避免抓伤。 5. 整理衣裤时，不能将衣裤内侧面折叠于外面，避免污染。 6. 婴幼儿不配合穿衣服时，在保证环境安全及温度适宜的情况下，可让婴幼儿尝试自己探索，或给婴幼儿时间舒缓情绪，之后视婴幼儿情绪情况，继续帮助婴幼儿穿衣。 7. 需要确认婴幼儿的衣服、名字以及衣服的正反。	□操作顺序无误 □操作方法无误 □口述内容无误 —————— 是否需要再次考核 □是　　□否 —————— □操作顺序无误 □操作方法无误 □口述内容无误 △通过 △未通过

表 63   检核项目：穿裤

物品准备	SOP 流程&SOC 检核操作内容	SOC 知识检核	操作指南	备注
○ 篮子、裤子	○ 教师将手从裤脚处套入裤筒，从裤腰处伸出。 ○ 教师用手掌握住婴幼儿的脚背，护住婴幼儿脚趾指甲。 ○ 将婴幼儿的脚套入裤筒，从裤脚处拉出，另一只脚同上。 ○ 让婴幼儿站立，将裤子提起。 ○ 将打底内衣的下摆塞入打底裤内。 ○ 整理好衣服。	○ 为婴幼儿更换衣物时，如果用力过度，会对婴幼儿产生哪些身体伤害？ ○ 为什么婴幼儿的衣物不能从内侧向外侧折？ ○ 请说出为婴幼儿穿裤前的室温注意事项。	**注意事项：** 1. 在教室内的隐蔽处操作，保护婴幼儿隐私；可以转移其他婴幼儿的注意力；利用物品进行视线遮挡；躲避/背对监控；脱掉衣物后，及时更换新衣物。 2. 确保室内温度处在 23～26℃。 3. 避免线头缠绕拉伤婴幼儿皮肤。 4. 拉扯裤子和双腿时掌控好力度，避免脱臼等危险。 5. 动作轻柔，避免抓伤。 6. 整理衣裤时，不能将衣裤内侧面折叠于外面，避免污染。 7. 婴幼儿不配合时，在保证环境安全及温度适宜的情况下，可让婴幼儿尝试自己探索，或给婴幼儿时间舒缓情绪，之后视婴幼儿情绪情况，继续帮助婴幼儿穿裤。	□操作顺序无误 □操作方法无误 □口述内容无误<hr>是否需要再次考核 □是　　□否<hr>□操作顺序无误 □操作方法无误 □口述内容无误<hr>△通过 △未通过

表 64　检核项目：脱衣

物品准备	SOP 流程&SOC 检核操作内容	SOC 知识检核	操作指南	备注
○ 需更换的衣物、篮子	**套头式** ○ 提前告知婴幼儿即将脱衣。 ○ 解开肩部（或胸口）处纽扣。 ○ 将手从衣服下方伸到婴幼儿手肘处，一手拉衣袖，一手轻握婴幼儿手肘，将手臂轻轻拉出，另一只手使用同样操作。 ○ 双臂脱下后，双手拉住套头处，轻轻提起脱下的衣服。 **开衫式** ○ 拉下拉链，解开纽扣。 ○ 一手拉衣袖，一手保护手臂，将手臂拉出，另一只手同样操作。 ○ 整理衣服，请婴幼儿将衣服放到指定位置。	○ 请说出婴幼儿脱衣的流程。 ○ 请说出为婴幼儿脱衣前的室温注意事项。 ○ 请说明教师应如何保护婴幼儿的个人隐私。	**注意事项：** 1. 活动在空间内的隐蔽处进行；可以转移其他婴幼儿的注意力；利用物品进行视线遮挡；躲避/背对监控；脱掉衣物后，及时更换新衣物。 2. 确保室内温度处于 23～26℃。 3. 防止线头缠绕拉伤婴幼儿皮肤。 4. 拉扯衣服和手臂时掌控好力度，避免脱臼等危险，特别是对习惯性脱臼的婴幼儿，须特别注意。 5. 动作轻柔，避免抓伤。 6. 注意要提前解开纽扣，避免拉伤。 7. 整理衣服时，不能将衣服内侧面折叠于外面，避免污染。 8. 不同时脱光婴幼儿的衣裤，如需更换睡衣，脱掉衣服后须立即穿上所更换衣服，并在过程中注意用被子等衣物遮蔽婴幼儿隐私。不要让婴幼儿身体大面积暴露在空气中，避免受凉等情况的发生。 9. 在更换过程中，发现纽扣或衣物配件掉落，须及时收捡或根据情况更换衣物，并及时告知家长。	□操作顺序无误 □操作方法无误 □口述内容无误 是否需要再次考核 □是　　□否 □操作顺序无误 □操作方法无误 □口述内容无误 △通过 △未通过

表 65　检核项目：脱裤

物品准备	SOP 流程&SOC 检核操作内容	SOC 知识检核	操作指南	备注
○ 需更换的衣物、篮子	○ 提前告知婴幼儿，做好脱裤准备。 ○ 由外到里一层一层脱下。 ○ 由上自下脱至脚踝处。 ○ 一手托小腿处，一手拉裤脚，脱下。 ○ 整理衣裤，请婴幼儿将衣服放到指定位置。	○ 请说出婴幼儿脱裤的流程。 ○ 请说出为婴幼儿脱裤前的室温注意事项。 ○ 请说明教师应如何保护婴幼儿的个人隐私。	**注意事项：** 1. 活动在空间内的隐蔽处进行；可以转移其他婴幼儿的注意力；利用物品进行视线遮挡；躲避/背对监控；脱掉衣物后及时更换新衣物。 2. 确保室内温度处于 23～26℃。 3. 防止线头缠绕拉伤婴幼儿皮肤。 4. 拉扯裤子和双腿时掌控好力度，避免脱臼等危险，特别是对习惯性脱臼的婴幼儿，需特别注意。 5. 动作轻柔，避免抓伤。 6. 注意要提前解纽扣，避免拉伤。 7. 整理衣服时，不能将衣服内侧面折叠于外面，避免污染。 8. 不同时脱光婴幼儿的衣裤，如需更换睡衣裤，脱掉衣服后须立即穿上所更换衣服，并在过程中注意用被子等衣物遮蔽婴幼儿隐私。不要让婴幼儿身体大面积暴露在空气中，避免受凉等情况的发生。 9. 在更换过程中，发现纽扣或衣物配件掉落，须及时收捡或根据情况更换衣物，并及时告知家长。	□操作顺序无误 □操作方法无误 □口述内容无误 ———————— 是否需要再次考核 □是　　□否 ———————— □操作顺序无误 □操作方法无误 □口述内容无误 ———————— △通过 △未通过

表 66 检核项目：托小班、托大班用餐流程

物品准备	SOP 流程&SOC 检核操作内容	SOC 知识检核	操作指南	备注
○ 围兜、餐垫、分餐勺、餐食、餐盘、餐勺、汤碗、擦嘴湿巾、垃圾桶、渣盘、收餐盆、桌面清洁毛巾、酒精喷雾	○ 教师提前 15 分钟做好餐前桌面消毒（在幼儿出教室消手时用酒精喷桌面）。 ○ 准备好进餐物品，渣盘、擦嘴湿巾、餐垫放置在餐桌上。 ○ 带领幼儿洗手。 ○ 取围兜、帮助/引导幼儿戴围兜。 ○ 幼儿入座后，引导幼儿铺餐垫。 ○ 教师按照分餐流程进行分餐。 ○ 教师带领幼儿一起唱感谢歌。 ○ 用餐期间教师可以协助有特别需要的幼儿进餐。桌面脏物可用清洁毛巾清理至渣盘。 ○ 用餐完毕，引导幼儿送餐盘至厨余盆，取下围兜。 ○ 教师带领幼儿擦嘴、洗手。 ○ 所有幼儿用餐完毕后，教师按照清洁消毒流程清洁桌面和地面，垃圾收进垃圾桶。	○ 进餐时教师的照护责任和安全要点有哪些？ ○ 进餐期间教师如何培养幼儿的独立能力？	**操作时间：** 用餐时间。 **注意事项：** 1. 班级教师要有明确的分工站位。一位教师负责观察全局，另外两位教师分别在两个小组中进行巡视与用餐引导。当其中一名教师进行个别引导时，负责观察全局的教师应给予幼儿更多的关注。 2. 分餐规则：将餐食放到台面/桌面进行分餐，教师需要佩戴好口罩和手套；分餐前教师核对班级是否有对某种食物过敏的幼儿，如有，单独分该幼儿的餐；餐量可以根据班级幼儿食量适当增减。 3. 餐前需要进行食物介绍，让幼儿认识食物，激发幼儿对该食物的兴趣（托大班可以让幼儿自己介绍）。 4. 用餐前需要讲用餐规则（例如，一手拿勺、一手扶碗，吃饭时小屁股要坐在板凳上，吃饭时不说话等）。 5. 提前了解幼儿的饮食喜好，教师心里要有预期；提前了解本周的食谱，知道哪些食物幼儿不爱吃；做餐前介绍时，需用正面积极的语言介绍食物，教师要表现出对食物的喜爱；进餐过程中鼓励幼儿进餐，及时表扬；家园共育，请家长在家里增加食物的种类，做好榜样。	□操作顺序无误 □操作方法无误 □口述内容无误 是否需要再次考核 □是 □否 □操作顺序无误 □操作方法无误 □口述内容无误 △通过 △未通过

表 67　检核项目：分餐（托小班、托大班）

物品准备	SOP 流程&SOC 检核操作内容	SOC 知识检核	操作指南	备注
○ 分餐口罩、帽子、分餐勺、餐食、餐盘、餐勺、汤碗	○ 教师提前 15 分钟做好餐前分餐台消毒（用酒精喷桌面）。 ○ 分餐前教师洗净双手，佩戴分餐口罩和帽子。 ○ 准备好分餐物品：餐盘、汤碗、勺子、分餐勺、餐食。 ○ 教师先盛 1～2 勺汤到汤碗中（约 2～4 口的量），将汤碗依次分放在幼儿桌上，唱完感谢歌后请幼儿先喝汤。 ○ 教师按照不同年龄层的餐量为幼儿分餐到餐盘中（米饭和菜品需要一一分开，不混杂；每一种菜品都需要添加；第一次添加不宜过多）。 ○ 将餐盘配好餐勺，依次放在幼儿桌上，托大班的幼儿可以引导其上前端餐。 ○ 用餐期间教师可以根据幼儿的餐量和喜好逐一添加。注意记下幼儿的餐量。	○ 分餐原则有哪些？ ○ 你知道教师给各个年龄层的幼儿的分餐量吗？ ○ 为什么给幼儿分餐前需要洗手、戴口罩和帽子、消毒分餐台面？	**操作时间：** 用餐时间。 **注意事项：** 1. 教师为幼儿分餐时，注意为食物过敏的幼儿使用单独的一套分餐工具，不可混淆（遵循分餐过敏预防 SOP）。 2. 教师为幼儿分餐时需考虑家长对其幼儿饮食的要求。例如，肥胖幼儿先喝汤，给缺少维生素的幼儿多添蔬菜。 3. 分餐过程中如果发现餐食存在异常，需要立即停下并拍照，发送至业务主任处，等待处理。 4. 托大班下学期可以将值日生的概念引入，由值日生帮助班级幼儿取餐或分发餐具。 5. 米饭和菜品需要分开盛放，不混杂，不盖饭；每一种菜品都需要添加；第一次添加不宜过多。 6. 菜品的摆放注意美观。 7. 班级教师要有明确的分工站位。一名教师负责分餐，另一名教师组织幼儿取餐就座，还有一名教师负责观察全局。	□操作顺序无误 □操作方法无误 □口述内容无误 是否需要再次考核 □是　　□否 □操作顺序无误 □操作方法无误 □口述内容无误 △通过 △未通过

表 68　检核项目：母乳解冻

物品准备	SOP 流程&SOC 检核操作内容	SOC 知识检核	操作指南	备注
○ 温奶器、奶瓶、冷冻母乳	○ 入园后，及时将母乳从妈咪包里取出放入冰箱，检查日期是否在 1 个月内，做好名字标识（分袋装每天写名字、分瓶装提前贴好名字标签）。 ○ 喂奶前提前一个小时取出，用常温水解冻。 ○ 用七步洗手法洗净双手，将解冻好的母乳倒入奶瓶。 ○ 将温奶器取出，确保所装的水在刻度线以下。 ○ 将温奶器放到安全的位置，插好电源，调至 45 ℃。 ○ 打开奶瓶盖，将奶瓶放进温奶器进行温奶，等待母乳温好。 ○ 取出奶瓶，盖好奶瓶瓶盖，再次检查母乳性状是否正常。 ○ 倒置奶瓶，从奶嘴处滴出一滴奶，在手腕处测试温度是否合适。 ○ 温度合适后给婴幼儿食用，注意奶瓶与婴幼儿对应。	○ 如何提醒母乳喂养的家庭正确交付母乳，以保证其不变质？ ○ 母乳解冻应提前多久从冰箱取出？ ○ 母乳解冻的方法是什么？ ○ 温奶后，教师为什么要检查奶状？ ○ 什么样的奶状不宜给婴幼儿食用？ ○ 温奶器的温度应调试为多少度？ ○ 母乳解冻的流程。 ○ 交付的母乳是否可以在园所过夜，为什么？ ○ 收到母乳应如何进行保存？ ○ 母乳解冻前，教师应检查哪几项信息？ ○ 未喝完的母乳应当如何处置？	**注意事项：** 1. 带母乳的家长需要准备保温袋以及冰块。 2. 母乳解冻需要较长时间，提前 1 小时从冷藏室取出解冻为宜。 3. 操作过程中，保证手部清洁。 4. 温奶器不可放置于婴幼儿可拿到的地方。 5. 检查奶状是否均匀，如有蛋花状、结块状等非正常状态，不可给婴幼儿食用。 6. 保证母乳温度适宜，防止烫伤婴幼儿。 7. 温奶器加热到 45 ℃。 8. 婴幼儿没喝完的母乳一定要倒掉，不能再次储存。母乳在体外保存时间越长，质量越低。健康母亲分泌的母乳为相对无菌状态，然而从母乳挤出到婴儿喂养的每个环节，都不可避免地受到微生物污染。 9. 注意母乳放入冰箱冷藏，当天带的当天喝完，解冻后的母乳不能二次冷冻。 10. 反复核实母乳保质期是否在安全饮食期以内，保证婴幼儿食品安全。 11. 针对母乳婴儿，要提醒家长带奶瓶清洗剂：母乳中会含有很多脂类物质，时间长了会形成奶垢，用清水很难冲洗干净，不仅影响婴幼儿吃奶（奶味很重），还会滋生细菌。	□操作顺序无误 □操作方法无误 □口述内容无误 是否需要再次考核 □是　　□否 □操作顺序无误 □操作方法无误 □口述内容无误 △通过 △未通过

表 69   检核项目：班级收餐

物品准备	SOP 流程&SOC 检核操作内容	SOC 知识检核	操作指南	备注
○ 尝餐、留样记录表，分餐工具，小推车	○ 检查保温盒外观，确认是否完好。 ○ 打开保温盒，进行测温，确认温度为 45~55 ℃。 ○ 准备分餐。	○ 如餐食较早送达，应如何操作与保管? ○ 请描述餐食抵达后应检查与清点的几项要点。 ○ 你知道为什么需要进行餐盒的外观检查吗?	**注意事项：** 1. 如果餐食送来得比较早，不要将食物取出。 2. 拿取的教师注意盖好盖子，不得一次性全部取出。 3. 确认餐盒和餐食是否受到挤压、破坏、被打开。这些情况可能会造成食物被细菌、病毒感染，从而导致婴幼儿不适。如果餐盒安全扣被打开过，要拒收并及时联系保健医生或园长。	□操作顺序无误 □操作方法无误 □口述内容无误 是否需要再次考核 □是　　□否 □操作顺序无误 □操作方法无误 □口述内容无误 △通过 △未通过

表 70　检核项目：乳儿班用餐流程

物品准备	SOP 流程&SOC 检核操作内容	SOC 知识检核	操作指南	备注
○ 围兜、餐食、湿巾、垃圾桶、渣盘、桌面毛巾、酒精喷雾	○ 教师提前 15 分钟做好餐前准备，给帮宝椅桌面消毒（酒精）。 ○ 准备好进餐物品及婴儿餐食。 ○ 告知婴儿要用餐了，引导婴儿坐上帮宝椅。 ○ 教师一一给婴儿擦手，进行手部清洁，戴上围兜。 ○ 开始给婴儿喂餐。 ○ 帮助婴儿擦嘴，餐后喝水。	○ 一位教师如何给多位婴儿喂餐？ ○ 用餐期间教师应如何分工以确保婴儿用餐时的安全？ ○ 请描述鼓励不同月龄婴儿独立进食的方法。	**注意事项：** 1. 餐前准备时，将帮宝椅围放成一个弧形，方便教师喂餐；婴儿的餐食准备好后放到一个篮筐内，将餐食按照座位的顺序摆放好，等婴儿准备好，教师按顺序给婴儿喂饭，乳儿班婴儿咀嚼能力较弱，教师按顺序给婴儿喂饭。 2. 婴儿在 8~9 个月的时候，教师可以根据婴儿的能力将水果装进咬咬袋，让婴儿尝试自己吃；9~10 个月的婴儿基本上就可以自己吃水果了；11~12 个月的婴儿可以自己使用勺子用餐，请家长准备防水罩衣，婴儿自己抓着吃一部分，教师协助喂一部分，逐步锻炼，到 13~14 个月时能够自己吃饭。 3. 用餐期间保证有 1 位教师全程看护，协助婴儿用餐。 4. 餐前可使用湿润的棉柔巾为婴儿清洁双手。	□操作顺序无误 □操作方法无误 □口述内容无误 是否需要再次考核 □是　　□否 □操作顺序无误 □操作方法无误 □口述内容无误 △通过 △未通过

表 71　检核项目：消食活动

物品准备	SOP 流程&SOC 检核操作内容	SOC 知识检核	操作指南	备注
○ 绘本、玩具	○ 带班教师组织先吃完的婴幼儿坐在椅子上看书或玩玩具。 ○ 所有婴幼儿吃完后，带班教师组织婴幼儿在教室门口排队。 ○ 进行5～10分钟的散步活动。 ○ 婴幼儿回到教室准备入睡。	○ 餐后的活动是宜静还是宜动的，为什么？ ○ 餐后散步多久合适？ ○ 餐后散步的过程中，有哪些安全事项需要教师关注？	**注意事项：** 1. 餐后不宜剧烈运动，会造成肠胃不适。 2. 提醒婴幼儿饭后需要做安静的活动（绘本、积木、雪花片等地面玩具）。 3. 外出时，班级配班教师必须全都跟随。 4. 散步时，可以引导婴幼儿唱儿歌，带领婴幼儿到中心其他公共区域，看看种子墙、逛逛角色区的街道。 5. 提醒婴幼儿饭后散步慢慢走。 6. 外出前后都需清点人数，教师之间需要有语言的交接。	□操作顺序无误 □操作方法无误 □口述内容无误 —————— 是否需要再次考核 □是　　□否 —————— □操作顺序无误 □操作方法无误 □口述内容无误 —————— △通过 △未通过

二、婴幼儿学习与发展

（一）活动准备

定义：活动前期在人员、心理、环境、物资等方面的准备工作。

意义与目的：全方位的准备工作可以让教师更加从容地开展活动，使婴幼儿能够更好地融入活动，并规避一定的安全风险。

原则：多次检查，全面准备。

组成：

1. 活动物料采购申请（见表 72）

2. 活动材料准备（见表 73）

3. 外出物品准备（见表 74）   4. 活动过程辅助（见表 75）

5. 班级信息上墙（见表 76）   6. 社会人员来访（见表 77）

7. 师幼互动原则（见表 78）

注意事项：

- 助教老师在知晓活动计划后应积极询问其他教师需要配合的事项与物资，避免由于匆忙应对而发生意外事件。
- 教师准备物资及活动辅助的过程中，应充分考虑安全性和与婴幼儿年龄相符的应对技巧。
- 教师在准备物资前可以罗列物资清单，准备过程中留意物资数量是否充足。

活动准备工作站

表 72   检核项目：活动物料采购申请

物品准备	SOP 流程&SOC 检核操作内容	SOC 知识检核	操作指南	备注
○ 采购申请表、库房物资借取表	**采购申请条件** ○ 在明确开展活动所需的物资后，从库房清查拿取，如库房没有该物资或数量不足，在保障教育品质的前提且无其他替换方案的情况下可以进行采购申请。 **选择采购物品原则** ○ 在规定的采购经费范围内选择物品。 ○ 选择时应考虑以下几项原则：安全性、环保性、耐久性、多功能性、适龄共用性。 ○ 适宜的数量。 **采购单的填写** ○ 需明确填写物品名称、单价、数量、参数、图片、参考采购链接、用途、其他备注。 **提交采购单** ○ 采购单签署教师姓名、主班教师姓名，然后在有效提交时间内将采购申请单提交给业务主任进行采购。 **物品接收** ○ 物品到货后，业务主任将物品入库，教师到库房填写表格后领取。非消耗物资应在使用后归还库房。	○ 请说出选择采购的玩具等物资时应遵守的原则。 ○ 什么情况下教师可以进行采购申请？ ○ 采购物资的用途有哪些？	**注意事项：** 1. 采购物资的费用请参考园所的每月规划。 2. 采购物品仅为开展保教工作，不作教师私人需要，不为某一婴幼儿购买个性化生活用品。	□操作顺序无误 □操作方法无误 □口述内容无误 是否需要再次考核 □是 □否 □操作顺序无误 □操作方法无误 □口述内容无误 △通过 △未通过

表 73 检核项目：活动材料准备

物品准备	SOP 流程&SOC 检核操作内容	SOC 知识检核	操作指南	备注
○ 采购申请表、月计划、周计划、活动计划、制作材料	**提前梳理物料清单（室内外教学）** ○ 教师提前一个月梳理出下一个月教学活动所需的物料清单，园所内暂无且必要的物资填写申购单进行采购。 **再次确认活动物料** ○ 提前一周确认下周活动物料是否到位。 **准备与制作** ○ 提前一周准备/制作下一周的活动物品。 **收纳与标记** ○ 将制作/准备好的教具、玩具收纳并做好标记。	○ 请说出活动物品准备的时间流程。 ○ 当所需物资在园所内没有库存时应如何处理？	**注意事项：** 1. 申购前请思考，园所中的物料是否确实无法替代，能否确保活动顺利进行。 2. 如果某些活动物料确实是必要的，则尽早申购。	□操作顺序无误 □操作方法无误 □口述内容无误 ———— 是否需要再次考核 □是　□否 ———— □操作顺序无误 □操作方法无误 □口述内容无误 ———— △通过 △未通过

表 74　检核项目：外出物品准备

物品准备	SOP 流程&SOC 检核操作内容	SOC 知识检核	操作指南	备注
○ 活动相关物料、婴幼儿衣物、牵引绳 ○ 生活物料：湿巾、纸巾、汗巾、免洗洗手液、防晒霜、驱蚊液	**活动及生活物料准备** ○ 教师应提前将准备好的活动物料从收纳柜中取出，核对活动计划。 ○ 找到户外活动生活物料。 **物料打包** ○ 将收集好的活动所需物料进行分类分装（活动类、生活类）。 **外出前准备** ○ 根据天气情况和婴幼儿需求，提前涂好儿童防晒霜、驱蚊液。 ○ 根据天气情况，携带婴幼儿外套、帽子或围巾等衣物。 ○ 提醒婴幼儿解便，将必要的衣物穿戴整齐。 **物料收纳** ○ 将分装好的物料放置在移动车上（使用移动车时）。 ○ 将分装好的物料放入收纳筐中携带至户外场地。	○ 带领婴幼儿到户外活动需携带的物品有哪些? ○ 外出活动前教师需要为婴幼儿做好哪些除物品以外的准备?	**注意事项:** 1. 托小班及托大班可以鼓励幼儿协助教师寻找所需物品，并放到指定位置。 2. 出门前再次核对所需物品，返回前再次核对。	□操作顺序无误 □操作方法无误 □口述内容无误 ―――――― 是否需要再次考核 □是　　□否 ―――――― □操作顺序无误 □操作方法无误 □口述内容无误 ―――――― △通过 △未通过

表 75　检核项目：活动过程辅助

物品准备	SOP 流程&SOC 检核操作内容	SOC 知识检核	操作指南	备注
○活动相关物料、音频、音箱	**物料准备和摆放** ○ 根据活动计划将物料准备齐全，并根据婴幼儿的座位及人数分发或摆放物料。 ○ 音频材料要准备妥当，需要的时候能及时播放。 **配合组织教师** ○ 根据组织教师在活动中需要的角色/行为，助教人员需要积极参与，做模仿榜样（如礼貌用语的对话"谢谢你""不客气"），活动中婴幼儿有特殊行为或生活需要时助教要及时照护。 **灵活指导** ○ 助教根据活动流程，及时捕捉婴幼儿的发展需求，适时提供引导。 **物料清理** ○ 活动结束后，助教将物料清理并完成收纳。 **活动反馈** ○ 与其他教师一起做活动反馈。	○ 助教教师在活动辅助的前、中、后期的主要工作内容是什么？ ○ 在活动进行过程中，助教教师可能遇到的突发情况有哪些？ ○ 在灵活指导的过程中助教教师的主要任务是什么？	**注意事项：** 1.托小班及托大班可以鼓励幼儿协助教师寻找/清理所需物品。 2. 助教的巡视与指导尽量降低成人对于婴幼儿的影响，提供适时引导。 3. 活动中可能出现：婴幼儿拥挤、婴幼儿吵闹、婴幼儿四散跑开、个别婴幼儿拒绝参与、婴幼儿情绪宣泄、婴幼儿受伤等。 4. 及时捕捉婴幼儿需求；提供一对一/多引导；在组织教师进行个别引导的时候，助教教师能够关注到全局。	□操作顺序无误 □操作方法无误 □口述内容无误 ——— 是否需要再次考核 □是　　□否 □操作顺序无误 □操作方法无误 □口述内容无误 ——— △通过 △未通过

表 76　检核项目：班级信息上墙

物品准备	SOP 流程&SOC 检核操作内容	SOC 知识检核	操作指南	备注
○ 周计划、周食谱、一日流程、午睡监测	○ 在教室门后或班级内外的适当位置，规划班级信息张贴位置。 ○ 除固定内容的文件，其他信息如周计划、周食谱、午睡监测等每周更换或需要记录的文件，需根据每份文件的内容，在每周最后一个工作日下班前进行更换或更新。	○ 每周需要更新的文件有哪些? ○ 班级有哪些固定文件?	**注意事项：** 1. 文件清晰整洁、不翘边。 2. 每周最后一个工作日下班前务必更换下一周的内容。 3. 如果表格内容已使用完毕，则需提前打印内页，进行更换。	□操作顺序无误 □操作方法无误 □口述内容无误 ———————— 是否需要再次考核 □是　　□否 ———————— □操作顺序无误 □操作方法无误 □口述内容无误 ———————— △通过 △未通过

表 77　检核项目：社会人员来访

物品准备	SOP 流程&SOC 检核操作内容	SOC 知识检核	操作指南	备注
—	○ 在不影响教学、照护工作的情况下，教师积极主动地鼓励婴幼儿一同向社会人员的方向微笑挥手，并用自然的语气、音量打招呼："你们好呀！""Hello！" ○ 在发现社会人员看到后，可以逐渐停止挥手的动作。教师保持自然与专业的仪态，继续按照计划开展活动。	○ 园所环境中会遇到哪些社会人员？ ○ 为什么教师要鼓励并与婴幼儿一起向社会人员打招呼？	**注意事项：** 1. 至少有一名教师关注全局，保障婴幼儿的安全。 2. 如果社会人员与婴幼儿面对面近距离接触，教师可根据当下情况，在确保婴幼儿安全的情况下，引导婴幼儿与社会人员进行适当的互动，消除彼此的陌生感。 3. 园所中会遇到新生家长、政府相关督察人员、学习交流人员等社会人员。 4. 教师鼓励婴幼儿一起打招呼的目的是：积极培养婴幼儿的社交意识与能力，向社会人员自然传递来自园所的友好与温暖，拉近距离。	□操作顺序无误 □操作方法无误 □口述内容无误 ———————— 是否需要再次考核 □是　　□否 □操作顺序无误 □操作方法无误 □口述内容无误 ———————— △通过 △未通过

表 78　检核项目：师幼互动原则

物品准备	SOP 流程&SOC 检核操作内容	SOC 知识检核	操作指南	备注
—	**婴幼儿视角** ○ 理解婴幼儿视角；从婴幼儿的视角开展一日生活（视线齐平、考虑婴幼儿视线范围等）。 ○ 使用婴幼儿能够理解的话语。 ○ 站在婴幼儿的立场思考当前的环境和活动（是否感到不安、是否过于拥挤、是否等待时间太长等）。 ○ 尊重并理解婴幼儿的认知和能力发展特点。 **尊重回应式** ○ 亲切地、尊重地、及时地回应婴幼儿的需求。 眼神：当婴幼儿发出身体或情感关注需求时，教师需及时给予语言的回应和眼神关注。 拥抱：当婴幼儿情绪不佳时，教师需在婴幼儿不排斥的情况下给予他们拥抱或身体安抚。 语言交流：在教师需要为婴幼儿进行亲密照护或引导参与活动时，需向他们亲切温柔地说明原因和即将发生的事，帮助他们更好地理解和认知。 **平等无差别** ○ 教师需要一视同仁，对婴幼儿抱有同样的期望，付诸同等的教育支持与照护，不应为婴幼儿的部分特性而进行区别对待（如能力发展水平、家庭情况、外貌偏爱、行为差异等）。 ○ 教师不仅仅是活动的引导者，还应随着婴幼儿的状态转换为倾听者、陪伴者、合作者、参与者、观察者、学习者。 **个性化教育** ○ 坚信每一个婴幼儿都是独一无二的个体，婴幼儿有自己的发展节奏且与他人存在差异，教师需因材施教。 ○ 根据婴幼儿的发展特点制订个性化教育和照护计划，满足个性发展需求。 **语言沟通** ○ 教师应关注自身的情绪与状态，与婴幼儿的沟通应正向、积极、平等、开放，少用批评性语言、控制性语言和命令式语言。 ○ 教师与婴幼儿的沟通应多以启发式的方式进行，创造有效沟通的机会，挖掘婴幼儿的闪光点。 ○ 教师与婴幼儿的沟通应真诚，饱含情感，以建立婴幼儿的信任与安全感。	○ 尊重回应式的师幼互动有哪些要点？ ○ 建立平等无差别的师幼关系时，教师的身份可以有哪些转变？ ○ 在师幼互动中，教师应注意哪些语言沟通原则？ ○ 教师应在哪些方面理解婴幼儿的视角？	—	□操作顺序无误 □操作方法无误 □口述内容无误 是否需要再次考核 □是　　□否 □操作顺序无误 □操作方法无误 □口述内容无误 △通过 △未通过

（二）婴幼儿情绪安抚

定义：婴幼儿出现情绪时，成人所提供的情绪抚慰支持。

意义与目的：为婴幼儿感知情绪、认知情绪、接纳情绪、管理情绪提供全方位的支持，与婴幼儿建立坚实的信任与安全感，并逐步培养对他人的共情能力与同理心。

原则：尊重并接纳婴幼儿的情绪，敏锐察觉婴幼儿未显露的情绪，真诚与策略并重。

组成：

1. 分离焦虑安抚（见表 79）
2. 突发事件安抚（见表 80）
3. 婴幼儿情绪识别与安抚（见表 81）
4. 婴儿情绪识别与安抚（见表 82）

注意事项：

- 婴幼儿用语言表达情绪的能力有限，教师应时刻保持敏锐的觉察力，观察婴幼儿的表情、行为和状态。
- 发现婴幼儿的情绪后，教师应该接纳情绪，允许婴幼儿表达，并以积极有效的方式回应，杜绝出现语言和行为上的暴力。

婴幼儿情绪安抚工作站

表 79　检核项目：分离焦虑安抚

物品准备	SOP 流程&SOC 检核操作内容	SOC 知识检核	操作指南	备注
○ 玩具、绘本	**热情迎接** ○ 教师面对婴幼儿热情迎接，温柔称呼婴幼儿乳名。 **情绪判定** ○ 教师向家长了解是否存在由于分离焦虑以外的原因导致婴幼儿的情绪起伏（如没睡够、玩具没带等）。 **安抚** ○ 教师尝试轻抚婴幼儿，在婴幼儿不排斥的情况下，逐步制造身体接触，让婴幼儿逐渐接受。教师用温柔的声音告诉婴幼儿再次见到家长的时间节点。例如，吃完下午茶之后，当你吃到小熊饼干时，钟表上的短针指到数字 5 等，用婴幼儿能够理解的可视化概念进行解释。 **带离婴幼儿** ○ 若安抚作用不大，则教师建议家长离开，或请家长以温柔的方式将婴幼儿交给教师，并将婴幼儿带到安全的教室内。 **陪伴安抚** ○ 若婴幼儿到达教室后依然存在较大情绪，则班级教师可将婴幼儿抱到情绪小屋里，再次强调家长来接园的时间节点后，利用婴幼儿感兴趣的玩具/童谣/绘本故事分散其注意力；鼓励班级其他婴幼儿邀请其参与游戏。	○ 你知道分离焦虑背后的原因是什么吗？ ○ 当父母将婴幼儿交给教师，婴幼儿拼命挣扎时教师应该怎么做？ ○ 当婴幼儿在班级内不愿亲近教师和其他婴幼儿时，教师可以怎么做？ ○ 你知道有哪些方法可以分散婴幼儿的焦虑情绪吗？ ○ 缓解家长与婴幼儿的入园焦虑，你有什么好的方法吗？	**注意事项：** 1. 带离过程中婴幼儿可能会挣扎，教师一定要抱紧婴幼儿，防止受伤滑落。但不可太用力，以免伤害到婴幼儿。 2. 如果上述的方式不奏效，婴幼儿没有亲近的意愿，可以让婴幼儿独处一会儿，但要时刻关注，不时询问婴幼儿加入活动的意愿，或用活动材料吸引婴幼儿注意。 3. 在新生入园的初期，当婴幼儿分离焦虑的情绪得到缓解后，及时反馈给家长，并简要解释教师的引导方式。 4. 当婴幼儿处在分离焦虑的阶段时，教师可以为家长提供一些方法，如家长邀请婴幼儿分享在园的趣事，提前给婴幼儿铺垫再次见到家长的时间节点，家园共育，共同缓解婴幼儿的分离焦虑。 5. 分离焦虑的原因。 自身的个性与经验：性格内向，缺少与父母短暂或长时间分离的经验。 环境的变化：家庭和园所的环境相差巨大，无法在短时间接受陌生的环境和陌生的人。 家庭因素：家长溺爱婴幼儿，缺乏培养婴幼儿独立能力的意识。	□操作顺序无误 □操作方法无误 □口述内容无误 是否需要再次考核 □是　　□否 □操作顺序无误 □操作方法无误 □口述内容无误 △通过 △未通过

表 80　检核项目：突发事件安抚

物品准备	SOP 流程&SOC 检核操作内容	SOC 知识检核	操作指南	备注
○ 安抚物	**检查婴幼儿身体** ○ 检查婴幼儿身体情况是否存在因突发事件造成的身体伤害。教师判定伤害级别，并根据情况进行相关处理。 **基本安抚** ○ 简单安抚婴幼儿的情绪，使用温柔的语言辅助婴幼儿初步将情绪稳定下来。 **了解事件经过** ○ 教师邀请事件当事幼儿描述事件经过（托大班、托小班），在事件清晰以前不做猜测与评价。 ○ 教师向其他教师询问事件经过（托大班、托小班、乳儿班），在事件清晰以前不做猜测与评价。 **再次安抚** ○ 教师根据婴幼儿状态，针对事件的具体情况，对婴幼儿进行安抚沟通和调解。	○ 请描述突发事件安抚流程。 ○ 请描述处理这类事件时教师应秉持的角色原则和做法。	**注意事项：** 1. 教师在检查婴幼儿身体时，如果婴幼儿出现身体伤害，判定伤害级别，并根据情况进行相关处理。 2. 不论事件中婴幼儿的角色是什么，教师都应该温柔地安抚并引导婴幼儿了解自身行为所产生的影响。 3. 教师需要引导婴幼儿针对自己的行为找到相应的解决方法，而非停留在婴幼儿的情绪层面。 4. 教师可以给情绪失落、恐惧的婴幼儿温暖的拥抱。 5. 婴幼儿语言表达能力有限时，教师应注意引导协助他们表达自己的情绪和事件经过。 6. 保持中立态度，不站队、不猜测、不评价，用客观的态度了解事件真实经过。	□操作顺序无误 □操作方法无误 □口述内容无误 是否需要再次考核 □是　　□否 □操作顺序无误 □操作方法无误 □口述内容无误 △通过 △未通过

表 81　检核项目：婴幼儿情绪识别与安抚

物品准备	SOP 流程&SOC 检核操作内容	SOC 知识检核	操作指南	备注
○　情绪小屋、安抚物、玩具	**捕捉婴幼儿情绪** ○　教师需要敏锐地捕捉到婴幼儿的情绪，及时关注情绪表达不外显的婴幼儿。 **了解原因** ○　教师正面向婴幼儿表达自己看见和感受到他们的情绪，然后可以采用询问婴幼儿或向其他教师了解的方式，了解婴幼儿情绪产生的原因。 **提供选择** ○　不论婴幼儿是否愿意表达情绪，教师都需要给婴幼儿提供一些安抚选择。例如："你希望老师陪着你吗？""你想要我抱抱你吗？" **安抚** ○　轻轻抚摸婴幼儿的后背，轻拍身体，用语言给予婴幼儿安慰。 ○　在婴幼儿情绪较为稳定后，根据具体事件，让婴幼儿认识到自己和他人的行为意图。 ○　尊重每位婴幼儿的想法，与婴幼儿分享自己的观点，尝试和婴幼儿共同寻找解决这类问题的方法。 ○　事后教师应引导婴幼儿正确表达自己的情绪或进行沟通。	○　面对情绪不外显的婴幼儿，教师应如何关照？ ○　教师可以从哪些方面给予婴幼儿情绪上的安抚？ ○　了解情绪发生的原因后，教师可以怎样疏导婴幼儿的情绪？	**操作时间：** 婴幼儿出现情绪时。 **注意事项：** 1. 接受并肯定婴幼儿情绪的产生。 2. 若婴幼儿情绪较为激烈，则先安抚婴幼儿，再了解原因。具体顺序根据情况，灵活处理。 3. 对于不太明显的情况，教师也应关注，询问婴幼儿、陪伴婴幼儿，先获取婴幼儿的信任，再逐步引导。不强迫婴幼儿表达，静静陪伴或用活动分散注意力即可。	□操作顺序无误 □操作方法无误 □口述内容无误 是否需要再次考核 □是　　□否 □操作顺序无误 □操作方法无误 □口述内容无误 △通过 △未通过

表 82 检核项目：婴儿情绪识别与安抚

物品准备	SOP 流程&SOC 检核操作内容	SOC 知识检核	操作指南	备注
○ 情绪小屋、安抚物、玩具、安抚奶嘴、奶瓶等	**捕捉婴儿情绪** ○ 教师需要敏锐地捕捉婴儿的情绪，及时关注情绪表达不外显的婴儿。 **了解原因** ○ 通过检查或回忆过去的片段，了解婴儿哭的原因：饿、不舒服、生理疼痛、无聊、不高兴、惊吓害怕、陌生人焦虑、睡眠不安稳、睡眠不足等。 **安抚** ○ 对由饿导致的啼哭，教师应告知婴儿马上就可以喝到奶，并及时冲泡奶粉满足婴儿需要。 ○ 对由睡眠不安稳、睡眠不足导致的婴儿啼哭，教师应监测婴儿体温，观察是否流汗等，抱起婴儿或轻拍等进行哄睡。 ○ 对陌生人焦虑或惊吓害怕导致的啼哭，教师应及时带婴儿脱离恐惧的环境，用陪伴与拥抱、温柔说话等方式对婴儿进行安抚。 ○ 对生理疼痛（腹痛、撞击等）导致的情绪，应及时呼唤保健医生、业务主管，视情况进行应急处理。 ○ 对由无聊、不高兴等原因导致的情绪，教师应留意婴儿的交流互动需求，给予积极正向的回应或环境支持。	○ 请描述婴儿的饥饿、口渴、困倦、需换尿布的哭声。 ○ 你知道婴儿的情绪可以通过哪些方面的信号来了解到吗？ ○ 当婴儿产生情绪时教师应当怎么做？ ○ 当婴儿产生疾病类哭声时教师应如何做？ ○ 你能分辨出哪些疾病类的哭声和情绪信号？	**注意事项：** 1. 教师在面对婴儿的情绪表达时应耐心温柔地陪伴和接纳。 2. 婴儿的情绪表达会通过四肢动作、面部表情、哭声来表达，教师应注意识别。 3. 对于婴儿的负面情绪教师应及时给予正向积极的回应，不能忽视和延时满足。 4. 辨别婴儿的哭声： **情绪与交流需要：** 啼哭时婴儿头部左右不停扭动，左顾右盼，哭声平和，带有颤音，这是正常的哭声，是婴儿想得到大人的安抚。教师来到婴儿身边，啼哭就会停止。 **饥饿性哭：** 哭声带有乞求感，声音由小到大，很有节奏。只要用手触及婴儿面颊或嘴边，他们会马上扭转头，张开小嘴做出找东西吃的样子，并有吸吮动作。如果把手拿开，没有喂奶，婴儿会哭得更厉害。 **口渴性哭：** 此时婴儿的表情不耐烦，嘴唇干燥，时不时地伸出小舌头舔嘴唇。当给婴儿喂水时，啼哭立即停止。 **吸吮性哭：** 这种啼哭多发生在喂水或喂奶3～5分钟后，哭声突然阵发。原因往往是水、奶过凉或过热，奶嘴头孔太小，吸不出来奶水，奶嘴头孔太大呛奶等。 **换尿布不舒适哭：** 哭声不太大，无泪。大多在睡醒时或吃奶后啼哭，哭的同时两腿蹬被，大多发生在睡醒或吃奶后。若是给换了干净的尿布后，婴儿就不哭了。 **热哭：** 婴儿哭声很大，神情不安，小胳膊和小腿直舞动，脖子额头上有很多汗。给婴儿脱掉衣服或被子，安放在凉爽之处，婴儿马上就会安静下来。 **肚子不舒服哭：** 婴儿突然剧烈地哭闹，且为阵发性。这种哭闹非同寻常，一阵一阵的，怎么也哄不住，哭闹时面色苍白，表情痛苦，呈屈腿卧位。过一会儿婴儿可玩耍或安静入睡，但间隔一段时间又再次剧烈哭闹。婴儿可能是肠绞痛或患上肠套叠，应赶快带婴儿就医。 **疼痛性哭：** 婴儿本来好好的，突然发出尖厉的哭声。可能由于被异物刺痛、虫咬，或硬东西压在婴儿身上，应仔细检查婴儿的被褥和衣物有无异物，皮肤上有无虫咬伤。若婴儿发出尖叫般的哭声，脸阵阵青紫、四肢肌肉抖动，可能是有脑出血或缺血性脑病，应赶快去医院。 **困倦哭：** 啼哭呈阵发性，婴儿一阵一阵地发出不耐烦的号叫，这就是习惯上称的"闹觉"。婴儿闹觉，可能因室内人太多，声音嘈杂，空气污浊、过热。	□操作顺序无误 □操作方法无误 □口述内容无误 是否需要再次考核 □是 □否 □操作顺序无误 □操作方法无误 □口述内容无误 △通过 △未通过

物品准备	SOP 流程&SOC 检核操作内容	SOC 知识检核	操作指南	备注
			这些哭声，一定要马上看医生： 拍打头部、大哭、喷射性呕吐、痉挛、啼哭伴流涎，可能是口里生疱疹或疮；哭时伴咳喘、发热，可能是肺炎；哭时伴抓耳挠腮，耳朵有脓液，晃动脑袋，可能是中耳炎；哭声显得有气无力，每隔 10 分钟左右就全身扭动，并发出类似悲鸣的哭声，尤其在晚上；突然大哭不止，越哄哭得越厉害。	

三、家庭服务与支持

（一）App 记录

定义： 利用软件，对婴幼儿相关事宜进行记录与回复。

意义与目的： 有效利用与园区各项服务相匹配的软件进行快速记录，利于教师对婴幼儿个人、班级的观察、分析与反思，同时也便于家长及时全面了解婴幼儿在园的一日生活情况。

原则： 客观真实，生动细致，体现教育性与园区理念。

组成：

1. 家长留言回复（见表 83）

2. 每日集体活动分享（见表 84）

3. 照片拍摄记录（见表 85）

4. 生活记录（见表 86）

5. 观察记录（见表 87）

6. 纸质记录（见表 88）

7. 视频拍摄记录（见表 89）

注意事项：

- 在保障婴幼儿安全的基础上，注意图片、视频内容所呈现出的教育性与美感。
- 客观地进行文字记录，但不失故事性与生动性；选择与记录关联性最强的能力指标；下一步计划需具体说明。
- 各项记录在提交前，需要教师本人与主班教师双重审查，须关注错别字、图片与视频内容是否适宜等。

App 记录工作站

表 83   检核项目：家长留言回复

物品准备	SOP 流程&SOC 检核操作内容	SOC 知识检核	操作指南	备注
○ 平板电脑、App	○ 打开 App：找到家长留言版块。 ○ 阅读留言：阅读家长留言，将留言内容口述转达给其他教师，确保每位教师都知悉。家长留言应在每日上班的第一时间查看。 ○ 分析与回复：辨识家长的留言诉求。 告知类：及时做好相应的预备工作。 询问类：教师结合昨日或当日的真实观察情况，进行详细反馈，可以提供照片或视频。 育儿求助：教师向家长提供经验，不确定的解决方案寻求主班教师或业务主任。 抱怨：对带有负面情绪和评价的内容，教师应和主班教师或业务主任沟通情况后，电话联系家长或约面谈。 ○ 核对上传：主班教师核查反馈内容，确认无误后上传。	○ 当家长的留言带有负面情绪和评价时，教师应该如何处理？ ○ 你知道为什么每位教师都应知悉家长的留言信息吗？ ○ 请说出每日查看留言的最晚时间。 ○ 请描述各种家长留言的回复要点。	**注意事项：** 1. 如家长留言中涉及较为紧急的事项，教师应及时电话联系或沟通，可根据情况和家长预约面谈。 2. 反馈意见由对应婴幼儿的主要负责教师填写，个人不确认的情况，询问其他班级教师，协商一致后，进行反馈。 3. 所有信息都需回复，让家长知道教师已知晓相关信息。 4. 有条件的情况下及时回复，反之则告知联系时间（确保不影响日常照护工作）。	□操作顺序无误 □操作方法无误 □口述内容无误 ―――――― 是否需要再次考核 □是　　□否 □操作顺序无误 □操作方法无误 □口述内容无误 ―――――― △通过 △未通过

表84　检核项目：**每日集体活动分享**

物品准备	SOP 流程&SOC 检核操作内容	SOC 知识检核	操作指南	备注
○ 平 板 电脑、App	**捕捉婴幼儿行为** ○ 教师使用平板电脑拍摄婴幼儿的集体教学活动、自由活动、生活活动等。拍摄规范请依照拍摄 SOP 规范细则展开。 **进行影像拍摄** ○ 一位教师进行影像拍摄与记录，其他教师应正常开展活动，看顾好婴幼儿。 **App 信息录入** ○ 检查上传的照片或视频是否合适（使用规范请依照拍摄 SOP 规范细则展开），用简明、积极、温暖的文字描述当日活动事件并搭配图片。 **核对上传** ○ 主班教师确认无误后于当日 19:00 以前完成上传。	○ 请说出进行影像拍摄时的注意要点。 ○ 请说出每日活动记录的应完成的时间。	**注意事项：** 1. 在班期间使用平板电脑拍摄时只需要一位教师，不能使用手机拍摄，其他教师看护婴幼儿，避免出现婴幼儿疏于看护的情况。 2. 集体活动记录应在当日 19:00 以前完成。	□操作顺序无误 □操作方法无误 □口述内容无误 ————— 是否需要再次考核 □是　　□否 □操作顺序无误 □操作方法无误 □口述内容无误 ————— △通过 △未通过

表 85　检核项目：照片拍摄记录

物品准备	SOP 流程&SOC 检核操作内容	SOC 知识检核	操作指南	备注
○ 手机或平板电脑	○ 辨别行为：教师敏锐捕捉婴幼儿的行为，并且判断是否需要记录。 ○ 画面画质：确定记录后，教师应注意拍摄的角度、光线、画面清晰度。 ○ 查看与编辑：查看记录下来的照片。（是否有拍摄到半个头、半个身子、逆光、人像虚焦、背景环境杂乱、环境中存在安全风险等情况。） ○ 在照片上传前进行编辑。 ○ 核对上传：主班教师核查记录内容和对应婴幼儿姓名，确认无误后上传。	○ 你知道拍摄照片的要求和注意事项有哪些吗？ ○ 你知道哪些照片属于不适宜的照片吗？ ○ 集体活动照中，每位婴幼儿应有多少张照片？ ○ 为什么照片与视频要每位教师查看？	**注意事项：** 1. 记录时注意动作幅度，尽量避免拍摄对婴幼儿行为产生影响。 2. 照片在正式上传前，须保证每位教师都查看过，至少检查 2~3 遍，以保证画面质量。 3. 仔细检查照片的背景。 4. 每日集体活动照中，应保证每位婴幼儿都在 2~3 张照片中入镜。	□操作顺序无误 □操作方法无误 □口述内容无误 —————— 是否需要再次考核 □是　　□否 □操作顺序无误 □操作方法无误 □口述内容无误 △通过 △未通过

表 86　检核项目：生活记录

物品准备	SOP 流程&SOC 检核操作内容	SOC 知识检核	操作指南	备注
○ App、平板电脑、照片、视频、纸、笔	**捕捉婴幼儿行为** ○ 教师熟记需要记录的婴幼儿生活方面的事项和要点（饮食、喂奶、排便、更换尿布衣物、情绪、睡眠、清洁、健康、用药、体温等）。 **观察记录** ○ 教师仔细观察婴幼儿行为的特点和细节（奶量、尿布更换时间、大小便状态、沐浴情况等）。 ○ 针对需要拍照留痕的情况，及时拍照或进行视频记录。 **App 信息录入** ○ 打开 App，找到婴幼儿行为对应的位置，进行信息录入。 **核对上传** ○ 教师再次核对婴幼儿姓名和录入信息，经主班教师确认无误后上传。	○ 你知道为什么教师需要准确记录婴幼儿的一日生活内容吗? ○ 你知道在什么时候进行记录最为适宜吗? ○ 教师使用平板电脑进行生活记录时，应如何保障婴幼儿的照护需求，避免意外的发生? ○ 请说出每日生活记录应完成的时间。	**注意事项:** 1. 在班期间使用平板电脑记录时应选择在不需要3位教师同时看护的时候进行，避免出现婴幼儿疏于看护的情况。 2. 婴幼儿上午的生活记录应在午睡期间完成，下午的生活记录应在当日 19:00 以前完成。 3. 教师若担心生活细节记忆不清，可以使用便笺纸与笔进行快速备注，时间合适时再详细录入 App 中。 4. 熟知婴幼儿的成长轨迹，深入了解婴幼儿的发展规律，向家长提供细节和专业的服务。	□操作顺序无误 □操作方法无误 □口述内容无误 是否需要再次考核 □是　　□否 □操作顺序无误 □操作方法无误 □口述内容无误 △通过 △未通过

表 87　检核项目：观察记录

物品准备	SOP 流程&SOC 检核操作内容	SOC 知识检核	操作指南	备注
○ App、平板电脑、照片、视频	○ 打开 App：找到观察记录版块。 ○ 找到目标婴幼儿：查找学生，确定观察记录的对应婴幼儿。 ○ 观察记录录入：根据表单填写婴幼儿当日的观察记录（日期、标题、描述等）。 ○ 上传观察的照片或视频。 ○ 将对婴幼儿的观察链接到 EYFS 七大领域能力目标。 ○ 填写下一步计划。 ○ 核对上传：主班教师或业务主任核查记录内容，确认无误后上传。	○ 你知道为什么教师需要及时记录对婴幼儿的每日观察吗？ ○ 你知道在什么时候进行记录最为适宜吗？ ○ 你知道观察记录的范围与内容吗？ ○ 请说出每日观察记录应完成的时间。 ○ 每位婴幼儿每周应有多少篇观察记录？	**注意事项：** 1. 在班期间使用平板电脑记录时应选择在不需要 3 位教师同时看护的时候进行，避免出现婴幼儿疏于看护的情况。 2. 每位婴幼儿的个体观察记录每周应保证有 2～3 篇，当周须全部上传完成，一个月不少于 10 篇。 3. 教师若担心记忆不清，可以使用便笺纸与笔进行快速备注，时间合适时再详细录入 App 中。	□操作顺序无误 □操作方法无误 □口述内容无误 ——— 是否需要再次考核 □是　　□否 ——— □操作顺序无误 □操作方法无误 □口述内容无误 ——— △通过 △未通过

表 88　检核项目：纸质记录

物品准备	SOP 流程&SOC 检核操作内容	SOC 知识检核	操作指南	备注
○ App、平板电脑、照片、视频、纸、笔	**观察** ○ 计划性观察：教师须明确观察目的和观察对象。 ○ 随机观察：教师需要有较高的觉察意识，观察婴幼儿的行为动作与语言表达。 **记录** ○ 计划性记录：教师依次进行文字记录和影像拍摄，以客观视角记录。 ○ 随机记录：教师使用纸笔对所观察到的现象进行快速记录，标明重要的时间、事件、行为、语言词汇等细节信息，进行影像拍摄，待时间合适时再将全貌补写完整。 **观察记录录入** ○ 根据表单填写婴幼儿当日的观察记录（日期、标题、描述内容等）。 ○ 上传观察的照片或视频。 ○ 将对婴幼儿的观察链接到 EYFS 七大领域能力目标。 **核对上传** ○ 主班教师核查记录内容，确认无误后上传。	○ 你知道为什么在班期间教师要使用纸本记录观察情况吗？ ○ 在观察记录的过程中，为避免婴幼儿发生意外，观察者应注意哪些方面？ ○ 请说出随机记录的要点。 ○ 请说出每日观察记录应完成时间。	**操作时间：** 每日 19:00 前完成并审核提交。 **注意事项：** 1. 当教师对一位婴幼儿进行观察记录时也不应忽视其他婴幼儿的行为，避免出现因疏忽导致的意外，如需协助看护，可以与其他教师及时协商。 2. 观察记录过程中，如任何婴幼儿出现危险行为，应立即暂停观察记录，保护婴幼儿。 3. 教师应妥善保管记录所使用的笔，避免婴幼儿拿到把玩。	□操作顺序无误 □操作方法无误 □口述内容无误 是否需要再次考核 □是　　□否 □操作顺序无误 □操作方法无误 □口述内容无误 △通过 △未通过

表 89　检核项目：视频拍摄记录

物品准备	SOP 流程&SOC 检核操作内容	SOC 知识检核	操作指南	备注
○ 平板电脑、App	○ 辨别行为：教师敏锐捕捉婴幼儿的行为，并且判断是否需要记录。 ○ 画面画质：教师应注意拍摄的角度、光线、画面清晰度。 ○ 查看与编辑：播放并查看记录下来的视频。（是否有拍摄到半个头、半个身子、逆光、人像虚焦、背景环境杂乱、画面抖动幅度大、环境中存在安全风险等情况。） ○ 视频在上传前进行编辑。 ○ 核对上传：主班教师核查记录内容和对应的婴幼儿姓名，确认无误后上传。	○ 你知道拍摄视频时的要求和注意事项有哪些吗？ ○ 你知道哪些视频属于不适宜的视频吗？ ○ 请说一说为什么视频要每位教师查看？	**注意事项：** 1. 记录时注意动作幅度，尽量避免拍摄对婴幼儿行为产生影响。 2. 在正式上传前，须保证每位教师都查看过（视频至少观看检查 2～3 遍）。 3. 仔细检查画面的背景。	□操作顺序无误 □操作方法无误 □口述内容无误 是否需要再次考核 □是　　□否 □操作顺序无误 □操作方法无误 □口述内容无误 △通过 △未通过

（二）日常沟通

定义：教师与家长就婴幼儿各方面情况与发展的信息进行传递与反馈。

意义与目的：帮助家长及时了解婴幼儿在园的发展情况，配合园方处理婴幼儿目前存在的问题。对家长的教育理念和方法适时提出科学有效的指导和建议。了解婴幼儿在家的表现，深化对婴幼儿的全面认知，更加有利于教师对婴幼儿学习与发展的有效规划与引导。

原则：避免说教、随意性、情绪化，保持客观、从容、专业。

组成：

1. 晨接沟通（见表 90）
2. 晚送沟通（见表 91）
3. 入园适应期晚送沟通（见表 92）
4. 家长提前接（见表 93）
5. 家长提前送（见表 94）
6. 家访（见表 95）

注意事项：

- 教师在向家长反映婴幼儿的个人情况时，应注意保护婴幼儿的隐私。
- 教师在指出存在的问题时，要把注意力集中在婴幼儿的具体行为和表现上，就事论事。指出问题的目的是希望婴幼儿获得进步和提高，重点是如何改正，教师要多分析原因，提出具体的改进方法。
- 教师应主动了解家长的顾虑，揣摩家长的心思，抓住需要沟通的问题，选择恰当的时机和方式，开诚布公地与家长交流看法，并以实际行动及时地消除顾虑，取得家长的信任，让他们放心。婴幼儿出现意外情况后要主动及时地告诉家长，千万不能心存侥幸。如果家长发现问题再来询问，教师就会很被动，且双方易发生误会。
- 个别家长对教师不够尊重，对园区工作持有偏见，不了解教师的工作，甚至提出一些教师无法满足的要求，对此，教师应该保持冷静的心态，主动沟通情况，耐心地做好解释工作，坦诚交流看法，从而取得家长的理解。

日常沟通工作站

表 90　检核项目：晨接沟通

物品准备	SOP 流程&SOC 检核操作内容	SOC 知识检核	操作指南	备注
○ 小便笺、笔、物品接收表、黑/白板	○ 主动热情地与婴幼儿、家长打招呼。 ○ 询问婴幼儿前一天晚上及今天早上有无特别情况。 ○ 接收家长带来的婴幼儿物品和奶粉，并请家长配合填写相关物品接收表格。 ○ 询问家长是否有需要特别交代的事项，教师做好记录。 ○ 教师接过婴幼儿，引导婴幼儿与父母告别。 ○ 教师将婴幼儿送往班级，把物品及父母的嘱托转达给其他教师。	○ 婴幼儿迟到多久教师应主动联系家长询问情况？	**注意事项：** 1. 前台晨检人员接到家长交代事项，第一时间记录后交接给班级教师。 2. 班级教师接到交代事项后，交代给本班所有教师，并写在班级黑/白板上随时提醒。 3. 婴幼儿晚到超过1小时但并未提前请假，教师应联系家长询问情况。 4. 及时获取婴幼儿的最新情况，及时传递婴幼儿的最新情况；增进家园沟通，增加家长的信任。	□操作顺序无误 □操作方法无误 □口述内容无误 是否需要再次考核 □是　　□否 □操作顺序无误 □操作方法无误 □口述内容无误 △通过 △未通过

表 91　检核项目：晚送沟通

物品准备	SOP 流程&SOC 检核操作内容	SOC 知识检核	操作指南	备注
○ 婴幼儿书包、衣物、水杯、奶粉盒等	○ 将婴幼儿及其书包、衣物、水杯、奶粉盒等物品交接给家长。 ○ 主动和家长沟通婴幼儿当日在园的生活情况（对家长比较关注的问题主动反馈）。 ○ 对家长早上有特别交代的事项进行反馈（如红屁屁、咳嗽等）。 ○ 和家长沟通特殊情况（如闹情绪、生病、受伤等）。 ○ 和家长分享当日观察到的成长小趣事。 ○ 和家长沟通需要配合协助的事情。	○ 请说出晚送沟通时有哪些注意事项。 ○ 你知道为什么要坚持每天晨接晚送的沟通吗？ ○ 为促进家园共育，教师每周至少就婴幼儿的成长问题与家长沟通几次？	**注意事项：** 1. 对于婴幼儿受伤的情况，需要判断，较为严重或是家长特别在意的，都需要在家长来接之前告知，多描述教师的引导和处理方法。 2. 教师每周至少分享一次婴幼儿的成长趣事或相关育儿知识。班级可以每周列一个沟通名单。 3. 教师注意晚送高峰的时间，把控在 2~3 分钟/位。如人手不足或个别婴幼儿需要特殊沟通，则请家长稍等，待将大部分婴幼儿送出后，再进行沟通。 4. 及时获取婴幼儿的最新情况，及时传递婴幼儿的最新情况；增进家园沟通，从而增加家长的信任。	□操作顺序无误 □操作方法无误 □口述内容无误 是否需要再次考核 □是　　□否 □操作顺序无误 □操作方法无误 □口述内容无误 △通过 △未通过

表 92   检核项目：入园适应期晚送沟通

物品准备	SOP 流程&SOC 检核操作内容	SOC 知识检核	操作指南	备注
○ 相关的记录（如果有）	**情绪方面** ○ 客观反映婴幼儿的情绪，与前一天比较，表扬进步，从而给家长信心。 ○ 对于第一天来或前几天情绪都比较好的婴幼儿需要给家长"打预防针"，可能会闹情绪。 ○ 对于情绪异常的婴幼儿，告知家长回家后的引导方法（正向引导，鼓励表扬，告知婴幼儿爸爸妈妈依然很爱他等）。 ○ 鼓励家长坚持送托，对婴幼儿适应有好处。 **生活方面** ○ 客观反映当日婴幼儿在园生活情况。 ○ 对于异常的婴幼儿，向家长多描述教师的做法及引导方法。 ○ 对于作息不规律的、习惯不好的婴幼儿，引导家长在家配合调整作息。	○ 你还知道哪些在婴幼儿入园适应期需与家长沟通的话题？	**注意事项：** 1. 新生第一天入园，除了家长接园时当面沟通以外，再以文字的形式在 App 上反馈当日入园整体情况，鼓励家长坚持送婴幼儿入园。 2. 一周结束后，提醒家长周末在家保持婴幼儿规律作息，并分享 1~2 个本周园区小游戏，家长在家每天陪婴幼儿一起玩，帮助婴幼儿熟悉。 3. 针对婴幼儿在园展示出的行为习惯，询问家长的引导方式；多反馈家长关心的婴幼儿能力发展情况，以及他们在行为培养方面的疑问等。	□操作顺序无误 □操作方法无误 □口述内容无误 是否需要再次考核 □是 □否 □操作顺序无误 □操作方法无误 □口述内容无误 △通过 △未通过

表 93　检核项目：家长提前接

物品准备	SOP 流程&SOC 检核操作内容	SOC 知识检核	操作指南	备注
○ 婴幼儿个人物品	**接送确认** ○ 通过 App 确认家长需要早接的婴幼儿姓名、时间、接送人及其他注意事项。 **信息共享** ○ 将早接的信息告知班级全体教师和前台工作人员、课程顾问、教学园长，做到人人知晓，并确认早接负责教师。 **物品收纳** ○ 在早接约定时间 10 分钟前完成婴幼儿个人物品的整理与收纳。 **带离教室** ○ 家长抵达时，由前台工作人员或课程顾问通知班级教师。 ○ 在离开班级前，再次确认婴幼儿个人物品，并做好离园前的身体检查。 ○ 引导婴幼儿礼貌道别，并告知班级其他教师已离园的婴幼儿情况。 **简短沟通** ○ 核对接送人信息并拍照，确认无误后，将婴幼儿与相关物品交至接送人处，并将婴幼儿当日情况进行 1～2 分钟简短沟通。 ○ 如接送人不是婴幼儿的父母，教师应通过 App 给父母发送简短信息，告知婴幼儿已经被第三接送人接走，并将婴幼儿的情况再次告知父母。 **返回班级** ○ 教师返回班级。若接送人有交代的事项，及时告知班级教师。	○ 你知道为什么针对早接的情况，教师还要再次与婴幼儿的父母进行当日的情况沟通吗？	**注意事项：** 1. 有早接的情况应该告知前台工作人员和课程顾问，烦请他们在家长抵达时通知班级教师。若家长未在约定时间出现，超过约定时间 10 分钟后，电话联络接送人，礼貌询问情况。 2. 如果家长早接的原因和婴幼儿的身体情况相关，教师应当在当日主动电话询问婴幼儿的情况。 3. 早接人很有可能不是婴幼儿的主要带养人，如果教师没有将信息亲自传递给家长，有可能会造成信息的疏漏和偏差，引起不必要的误会。	□操作顺序无误 □操作方法无误 □口述内容无误 _____ 是否需要再次考核 □是　　□否 _____ □操作顺序无误 □操作方法无误 □口述内容无误 _____ △通过 △未通过

表 94　检核项目：家长提前送

物品准备	SOP 流程& SOC 检核操作内容	SOC 知识检核	操作指南	备注
○ 平板电脑	**接送确认** ○ 通过 App 确认家长需要早送的婴幼儿姓名、时间、接送人及其他注意事项。 **信息共享** ○ 将早送的信息告知班级全体教师和前台工作人员、课程顾问、保健医生、教学园长，做到人人知晓，并确认负责教师。 **提前到岗** ○ 保健医生提前在入口准备晨检，负责教师在约定时间前做好个人的一日工作准备。 **晨接晨检** ○ 向家长了解婴幼儿情况。 ○ 陪伴婴幼儿完成晨检。 **返回班级** ○ 晨检合格后，教师带领婴幼儿进入班级。若接送人有交代的事项，及时告知班级教师。	○ 针对早送的情况，教师应如何在完成自己工作的同时照护婴幼儿，保证其活动安全？	**注意事项：** 1. 婴幼儿进入教室后，根据婴幼儿人数，至少保证 1 名教师与婴幼儿处于同一空间进行看护，不能让婴幼儿独处。 2. 园所早送时间不能早于工作人员上班的时间。 3. 接受早送的请求仅针对极特殊的家庭偶发情况。如家长有长期早送需求，应向园所主任反映情况。 4. 婴幼儿不能离开负责教师的视线，如教师有预备工作需要，可以带着婴幼儿，引导婴幼儿一同参与早间的筹备工作。	□操作顺序无误 □操作方法无误 □口述内容无误 是否需要再次考核 □是　　□否 □操作顺序无误 □操作方法无误 □口述内容无误 △通过 △未通过

表 95 检核项目：家访

物品准备	SOP 流程&SOC 检核操作内容	SOC 知识检核	操作指南	备注
○ 鞋套、口罩、家访记录本、笔	**家访预约** ○ 确认需要进行家访的婴幼儿，提前一周与家长电话联络，预约合适的时间。 **家访准备** ○ 准备好鞋套、口罩、家访记录本、笔；沟通事项；内着园服；仪容仪表整洁大方；一份小礼物（绘本等）。 **家访沟通** ○ 自我介绍。 ○ 介绍本次家访的主要流程。 ○ 沟通婴幼儿在园表现（七大领域能力发展水平）。 ○ 介绍婴幼儿发展暂缓的领域，更多描述园所、教师的引导，给予家长家庭教育的配合建议。 ○ 针对家长关心的问题进行深入的沟通和了解。 **家访结束** ○ 整理好自己就座区域的卫生；携带好所有随身物品；自己产生的垃圾带走自行处理（如鞋套自己装走丢弃）；感谢家长的时间和真诚分享，礼貌道别。	○ 你知道一般家访在什么时候进行吗? ○ 家访工作的注意事项有哪些? ○ 请描述家访沟通时的内容。	**操作时间：** 新生入园前家访、特殊事件发生时。 **注意事项：** 1. 不打听家长或家庭隐私问题，不收受家长任何的礼品赠予，礼貌坚定。 2. 不向家长提供其他婴幼儿的家庭信息或个人情况，不对比。 3. 家访中保持教师的仪态，不过分亲近，也不过分疏离。 4. 及时记录家访沟通的内容，以便返回园所后将相关的问题和情况与其他教师进行沟通反馈。 5. 自行控制、掌握沟通的时间，实际沟通时间与预计时间前后不超过 30 分钟。	□操作顺序无误 □操作方法无误 □口述内容无误 ——————— 是否需要再次考核 □是 □否 ——————— □操作顺序无误 □操作方法无误 □口述内容无误 ——————— △通过 △未通过

中级育儿教师工作站

一、婴幼儿健康与安全

（一）用药

定义：根据婴幼儿的用药需求，实施的一系列保障婴幼儿用药安全的行为。

意义与目的：协助家长在婴幼儿在园期间进行喂药，提高治疗效果，减少不良反应，保障婴幼儿的健康和生命安全。

原则：对人员、药品、用量反复确认核对，按时按量用药。

组成：

1. 喂药辅助（见表 96）

2. 药品接收（见表 97）

3. 喂药与登记（见表 98）

注意事项：

• 所需药品需家长提供处方单，并在软件上提交喂药申请，签字确认。

• 喂药时，大部分婴幼儿会出现哭闹排斥的情况，教师需要安抚引导婴幼儿情绪。

• 喂药时，避免婴幼儿因哭闹而产生呛咳（容易导致窒息）。

用药工作站

表 96　检核项目：喂药辅助

物品准备	SOP 流程&SOC 检核操作内容	SOC 知识检核	操作指南	备注
○ 药品接收记录表或用药委托、用药记录表、椅子、装有温水的婴幼儿水壶	**喂药准备** ○ 保健医生在喂药前，教师在远离集体活动的位置摆放一张椅子。 ○ 温柔地告知婴幼儿即将吃药。 ○ 教师确保吃药婴幼儿在喂药前 15 分钟不参加剧烈活动。 **药品核查** ○ 保健医生携带药品接收记录表以及对应的药品进班，教师根据记录表和药品再次核查药品名称、药量以及对应婴幼儿。 **喂药辅助** ○ 喂药使用的水杯是该婴幼儿的专用水杯，保证兑药及服药水温为 45～47℃。 ○ 保健医生在喂药时，引导婴幼儿坐在椅子上，一名教师在一旁陪伴婴幼儿，并在需要的情况下安抚婴幼儿情绪，给予其鼓励与肯定。 **喂药观察** ○ 喂药后，教师持续观察服药婴幼儿 10 分钟，确保其在这 10 分钟内不进行任何剧烈的活动。	○ 你知道为什么在用药前需要核实药品接收记录表或用药委托吗？ ○ 在药品核查时，教师应主要核查哪些信息？ ○ 如果在喂药时间保健医生没有出现，教师该怎么做？ ○ 你知道为什么喂药前后婴幼儿不宜进行剧烈运动吗？	**操作时间：** 喂药前、中、后期。 **注意事项：** 1. 注意仔细核查保健医生的登记信息，如表格中存在缺失项，请电话联系家长，确认后，再喂药。 2. 若在规定喂药时间内保健医生没有出现，教师应主动联系保健医生请求到班喂药。 3. 婴幼儿若哭闹不止，则可以先安排下一个婴幼儿，或让保健医生先去下一个班级，这期间教师可耐心安抚，鼓励婴幼儿。 4. 将药品与婴幼儿匹配，避免出现误服、错服。 5. 剧烈运动会影响药物的效果。	□操作顺序无误 □操作方法无误 □口述内容无误 是否需要再次考核 □是　　□否 □操作顺序无误 □操作方法无误 □口述内容无误 △通过 △未通过

表 97　检核项目：药品接收

物品准备	SOP 流程&SOC 检核操作内容	SOC 知识检核	操作指南	备注
○ 托幼机构儿童带药服药记录表、药品信息标签	**药品接收** ○ 当家长递来药物时，教师详细询问婴幼儿的病症还有药物的治疗作用。 **药品核查** ○ 查看核对医师处方与药品是否相符。 ○ 没有处方的药品不能收取。 ○ 查看药品包装是否完整，无包装盒的药品不能收取；散装的药品不能收取；无包装袋的中药不能收取。 ○ 查看药品保质期是否在有效期内，过期药品不能收取，近有效期 3 个月（含）不能收取。 **信息登记** ○ 按照托幼机构儿童带药服药记录表内容逐项填写数据，不能涂改。 **家长签字** ○ 填写完毕需要请家长核对，核对无误，交由家长签字。 **填写标签** ○家长签字确认后，填写药品信息标签并贴在药品包装上。	○ 请说出药品核查的四个步骤。 ○ 当家长递给的药品是非处方药时，要如何与家长沟通？	**操作时间：** 接园时家长有喂药需要时。 **注意事项：** 1. 当出现"药品无处方"的情况时，教师不能强硬告知家长"不行"，应当语气温和，态度友好地告知家长："您好，××妈妈/爸爸，药品没有处方不能保证用药的基本安全，为了婴幼儿的用药安全，需要医生开具的处方来判断用药标准，否则很容易出现误服，请家长理解我们为了园区婴幼儿健康所做的努力；如果是忘记带来了，临时拍照发到手机上查看也是可以的；如果是在药店自行购买的，我们还是希望家长能够带婴幼儿到医院做详细的诊疗，这样对婴幼儿的病症判断更加专业。" 2. 托幼机构儿童带药服药记录表必须实时填写，家长实时签字，避免产生回忆性错误。药品信息标签必须实时填写，并且对照托幼机构儿童带药服药记录表的数据填写。 3. 有保健医生的则由保健医生执行。 4. 注意将药品与 App 喂药申请进行仔细核对。	□操作顺序无误 □操作方法无误 □口述内容无误 是否需要再次考核 □是　　□否 □操作顺序无误 □操作方法无误 □口述内容无误 △通过 △未通过

表 98　检核项目：喂药与登记

物品准备	SOP 流程&SOC 检核操作内容	SOC 知识检核	操作指南	备注
○ 药品收纳篮、红外线额温仪、一次性医用口罩、量杯、一次性医用手套、托幼机构儿童带药服药登记表、药品信息标签	**喂药告知** ○ 教师提前告知需吃药的婴幼儿，确保其在喂药前 15 分钟前不参与剧烈活动。 **备药核验** ○ 查看核对托幼机构儿童带药服药记录表中的婴幼儿服药时间。 ○ 查看核对处方与药品名称是否相符。 ○ 查看药品包装是否完整。 ○ 核对包装盒上的药品信息标签（药品名称、用法、用量、服药时间、班级、婴幼儿姓名）是否与托幼机构儿童带药服药记录表中的信息相符。 ○ 核对药品是否在有效期内，过期药品不能使用，近有效期 3 个月（含）不能使用。 **备药准备** ○ 将核对完毕的药品放置在药品收纳篮中。 ○ 准备好红外线额温仪，检查是否有电、是否能正常使用。 ○ 佩戴好一次性医用口罩。 **喂药** ○ 喂药前与主班教师共同核对托幼机构儿童带药服药记录表信息，核对后由主班教师在表格中签字确认。 ○ 喂药使用的水杯是该婴幼儿的专用水杯，兑药及服药水温均需保证为 45~47℃。 ○ 取药前，必须佩戴好一次性手套。 ○ 喂药前，询问婴幼儿姓名，婴幼儿回应或不回应均需要主班教师再次确认婴幼儿身份。 ○ 喂药时，婴幼儿如不配合服用药物，不得强行实施，可寻求班级教师协助。 ○ 婴幼儿在哭闹时，不得进行喂药操作，防止出现窒息风险；需要等到婴幼儿平静时再实施喂药，其间可寻求班级教师协助。 ○ 喂药完毕后，需填写喂药时间，并请主班教师确认。	○ 当婴幼儿服药后出现不良反应该如何处置? ○ 请说出备药核验的流程。 ○ 喂药时如婴幼儿因排斥而哭闹应如何处理? ○ 请说出喂药的流程。	**操作时间：** 接园时家长有喂药需要时。 **注意事项：** 1. 对服药的婴幼儿需要额外关注，避免婴幼儿出现药物不良反应；当出现不良反应时，应当立即送保健室或送医，并立即启动实施园内突发事件应急预案，按预案流程实施。 2. 喂药前与主班教师核对喂药信息，一定要逐项核对。	□操作顺序无误 □操作方法无误 □口述内容无误 是否需要再次考核 □是　　□否 □操作顺序无误 □操作方法无误 □口述内容无误 △通过 △未通过

（二）疾病与事故处理

定义： 教师对于婴幼儿在园出现的疾病与事故，在力所能及的范围内做出的有效干预。

意义与目的： 缓解婴幼儿的不适，适当切断疾病的进一步发展与扩散。

原则： 风险把控，预防为先；及时察觉并立刻采取有效措施；合理安排班级分工站位，将对其他班级工作的影响降到最低；将情况真实客观地反馈给家长，必要时根据家长的意见采取措施。

组成：

1. 一般意外伤害（见表99）
2. 重大意外伤害（见表100）
3. 体温异常处理（见表101）
4. 进餐过敏预防（见表102）
5. 过敏处理（见表103）
6. 传染疾病预防与控制处理（见表104）

注意事项：

- 对人员、物资、环境等进行切实有效的风险把控。
- 处理婴幼儿生理不适的同时，关注并抚慰婴幼儿的情绪。
- 婴幼儿情况较重时，班级中务必至少有一名教师对此婴幼儿提供全程关注与陪伴。
- 对婴幼儿的症状进行文字与图片记录，以便向家长或医护人员提供准确的参考信息。

疾病与事故处理工作站

表 99　检核项目：一般意外伤害

物品准备	SOP 流程&SOC 检核操作内容	SOC 知识检核	操作指南	备注
○ 医用物品	○ 意外发生时应立即告知搭班教师照看其他婴幼儿。 ○ 教师查看伤势、安抚婴幼儿情绪并及时拍照。 ○ 根据情况处理伤情或送往保健医生处。 ○ 将婴幼儿伤情发到受伤群报备，由管理人员查看监控后将事发经过还原。 ○ 立即将婴幼儿的受伤情况如实告知家长。	○ 你知道哪些情况属于一般意外伤害吗? ○ 请说出当婴幼儿发生意外伤害时的处理流程。	**操作时间：** 婴幼儿出现意外伤害时。 **注意事项：** 一般意外伤害包括擦伤、划伤、夹伤、割伤、流鼻血、异物入眼等。	□操作顺序无误 □操作方法无误 □口述内容无误 ———— 是否需要再次考核 □是　　□否 □操作顺序无误 □操作方法无误 □口述内容无误 ———— △通过 △未通过

表100　检核项目：重大意外伤害

物品准备	SOP 流程 & SOC 检核操作内容	SOC 知识检核	操作指南	备注
○ 意外事故登记表、家长联系电话、手机、意外备用金、儿童健康档案	**送医流程** ○ 教师查看伤势，立即告知搭班教师照看其他婴幼儿，寻求校医协助并报告给管理层（业务主任、中心主任），同时立即展开紧急救助。 ○ 教师、校医、业务主任依据伤情判断是否需要拨打120，同步联系家长。 ○ 教师与校医安抚婴幼儿情绪，拍照，根据情况处理伤情；业务主任持续联系救护人员，联系前台或保安关注和疏通送医路线。 ○ 中心主任与顾问到监控室调查监控，进行记录，还原事故发生经过，并录屏发送给教师与业务园长，确保大家知晓经过。情况严重时，中心主任及时告知公司总部。 ○ 顾问了解情况后与中心主任和业务园长协商沟通话术，安抚婴幼儿、家长，还原事情经过，如实告知园所已做的紧急处理，真诚道歉。 ○ 中心主任留园，顾问、业务主任带好婴幼儿相关健康信息，支取备用金（紧急情况下由中心主任先行垫付），和关键教师陪同婴幼儿乘坐救护车前往医院就医治疗。 ○ 先将婴幼儿送医，顾问或业务主任办理就医手续，安抚家长情绪，治疗后向家长致歉并沟通事情原委，送婴幼儿回家。 ○ 填写意外事故登记表，召开事故复盘会议。把处理意见反馈给家长，并通过协商方式解决，若协商成功，按协商结果处理；若协商不成功，请示上级领导进行协调。 ○ 后续教师每日与家长保持联系，关注婴幼儿情况。	○ 请描述当重大意外伤害发生后的送医流程。 ○ 请描述重大意外伤害发生后自行处理和返家的流程。 ○ 哪些情况属于重大意外伤害？ ○ 一日流程中什么情况下容易导致哪些重大意外伤害？ ○ 你知道教育工作者为什么一定要对家长做到如实汇报吗？ ○ 当有婴幼儿发生重大意外事故时，教师应如何请求其他教师的协助？主要需要做哪些事情？	**操作时间：** 婴幼儿出现重大意外伤害时。 **注意事项：** 1. 一日流程中易发生重大意外伤害的情境：上下楼梯（滚落）、户外较剧烈的游戏活动（奔跑追逐产生的碰撞）、就餐饮水（呛咳或异物堵塞）、室内活动等。 2. 教师必须如实向家长反映情况，一是家长有权利了解婴幼儿的真实情况，为下一步行动作出判断；二是便于医生的治疗和诊断。	□操作顺序无误 □操作方法无误 □口述内容无误 ——————— 是否需要再次考核 □是　　□否 □操作顺序无误 □操作方法无误 □口述内容无误 ——————— △通过 △未通过

表 101　检核项目：体温异常处理

物品准备	SOP 流程&SOC 检核操作内容	SOC 知识检核	操作指南	备注
○ 额温枪、水银温度计、体温登记表	**体温异常确认** ○ 教师使用额温枪进行日常检测，额温枪显示婴幼儿体温高于 37.5 ℃时，再次测量，若两次都在 37.5 ℃以上，则用水银温度计进行复测。 **水银温度计检测** ○ 教师使用水银温度计再次测量婴幼儿体温，若体温高于 37.5 ℃，判定当前婴幼儿体温异常。 **联系家长** ○ 确认婴幼儿出现体温异常的情况后，立刻打电话联系婴幼儿家长，如实反映情况，并请家长将婴幼儿带回就医。同时，教师联系行政人员将婴幼儿带至保健室，等待家长的同时，为婴幼儿进行物理降温。 **班级消毒** ○ 班级教师当日须完成一次全面的班级消毒工作。 **病情了解** ○ 家长将婴幼儿接走后的 2 小时后或当日 19:00 前，教师应联系家长，关心婴幼儿情况。	○ 使用额温枪测温显示多少度时要切换使用水银体温计复测？ ○ 婴幼儿体温达到多少度属于体温异常？ ○ 发现婴幼儿体温异常后的处理流程是什么？	**操作时间：** 婴幼儿出现体温异常时。 **注意事项：** 1. 教师或行政人员在将婴幼儿送离园所时，须向家长说明体温检测和发现异常的时间和其他信息，便于家长掌握婴幼儿情况。 2. 在水银温度计检测环节中，若婴幼儿的体温显示正常，则需留班观察，每 20 分钟检测一次，直到连续 3 次检测显示体温在 37.3 ℃以下。 3. 若婴幼儿不愿行政人员陪伴，则教师可在班级稳定的情况下，联系行政人员安排人员在班级中看护，亲自陪伴婴幼儿直至家长来接。	□操作顺序无误 □操作方法无误 □口述内容无误 是否需要再次考核 □是　　□否 □操作顺序无误 □操作方法无误 □口述内容无误 △通过 △未通过

表 102　检核项目：进餐过敏预防

物品准备	SOP 流程&SOC 检核操作内容	SOC 知识检核	操作指南	备注
○ 托盘（乳儿班），分餐垫（托小班、托大班），分餐桌，iPad	**过敏原核对** ○ 每周接收到食谱时，教师核对每日食谱与婴幼儿过敏食材，在食谱上进行标记，并标注好婴幼儿姓名，同时与家长进行核对，确认是否有新增过敏原，并对本周过敏原进行核对，核对后反馈给厨师。 **再次核对** ○ 每日取餐时，取餐教师应当再次确认食物与食谱是否一致，同时检查过敏餐的安排是否准确。 **分餐** ○ 分餐前，再次核对过敏信息，知晓当日过敏食材与对应婴幼儿。 ○ 取出贴有过敏婴儿及其过敏信息的托盘，先准备过敏婴儿的餐食，打餐过程中使用专门的分餐勺，最后将盛好的餐食放在托盘中对应的位置（乳儿班）。 ○ 将分餐垫铺在分餐桌上，先准备过敏幼儿的餐，打餐过程中使用专门的分餐勺，最后将盛好的餐盘放在对应幼儿的方格内（托小班、托大班）。 ○ 先行引导过敏幼儿自取餐食，教师在旁观察，避免幼儿拿错，过敏幼儿就座后，邀请其他幼儿取餐（托小班、托大班）。 **拍照** ○ 婴幼儿就座之后，拍下餐食与婴幼儿的照片，保存记录一周。	○ 你知道为什么要提前做好过敏原核对吗? ○ 你知道过敏原核对分别从哪几个方面进行吗?	**注意事项：** 1. 喂婴幼儿时，注意勺子务必放在对应的碗中，不可混用。若混用，教师须停下喂食，重新配餐。 2. 教师需约束婴幼儿之间不分享食物，不捡拾掉落的食物。	□操作顺序无误 □操作方法无误 □口述内容无误 是否需要再次考核 □是　　□否 □操作顺序无误 □操作方法无误 □口述内容无误 △通过 △未通过

表 103　检核项目：过敏处理

物品准备	SOP 流程&SOC 检核操作内容	SOC 知识检核	操作指南	备注
○ 家长手机号或座机号码、平板电脑	**食用/出现过敏症状** ○ 识别过敏表现： 1. 皮肤可能会出现荨麻疹，伴有瘙痒的症状，婴幼儿会挠、会抓。 2. 过敏如果发生在呼吸道，会有咳嗽、咳痰、喘促的表现。 3. 个别婴幼儿发生过敏会伴有结膜炎的症状，眼睛会流泪、瘙痒，婴幼儿会不断用手去搓眼睛等。 4. 过敏反应特别严重的，可能会引发呼吸困难。 ○ 教师依据症状拍摄照片或视频，如婴幼儿能够表达，询问婴幼儿感受。 **送至保健室** ○ 教师立即将婴幼儿送往保健室，协助保健医生登记婴幼儿饮食时间、饮食量等过敏信息。 **联系家长或送医** ○ 联系家长，说明婴幼儿情况，请家长带回就医。若出现窒息或严重的过敏反应，则告知家长并立刻拨打 120 送医（如由园方送医，则启动应急预案）。 **追踪** ○ 教师及时追踪婴幼儿的就医情况，了解过敏原，做好之后的应对策略。	○ 你知道婴幼儿出现过敏反应的四类主要症状吗？ ○ 请说出婴幼儿出现过敏症状后的处理流程。	**操作时间：** 婴幼儿出现误食或过敏症状时。 **注意事项：** 1. 若婴幼儿过敏反应紧急，则立即联系家长，询问是否需要园方送医。 2. 过程中及时拍照记录婴幼儿的反应，以便向家长作详尽的说明。	□操作顺序无误 □操作方法无误 □口述内容无误 —————— 是否需要再次考核 □是　　□否 □操作顺序无误 □操作方法无误 □口述内容无误 —————— △通过 △未通过

表 104　检核项目：传染疾病预防与控制处理

物品准备	SOP 流程&SOC 检核操作内容	SOC 知识检核	操作指南	备注
○ 园内婴幼儿传染病应急预案、托育机构晨午检及全日健康观察记录表、体温登记表	**预防通告** ○ 园所所属片区出现传染病病例时，教师应及时在家长群中发布相关疾病通告，提醒家长做好预防措施（有保健医生的园所，由保健医生统一发送）。 ○ 园内确诊的传染病需要在 App 中发布通知，请家长及时关注婴幼儿的健康状况，如有体温异常或对应病症的症状，及时联系主班教师。 **日常关注、入园晨检及二次晨检** ○ 在入园晨检及二次晨检、活动后检查时，教师应仔细检查并判断婴幼儿是否出现传染病症状，如有则立即上报保健室，并进行环境消毒与隔离。 ○ 日常活动中，教师应密切关注婴幼儿的一日情况，活动前后及时洗手清洁，保持婴幼儿自身以及环境的卫生清洁。 **传染病发现上报与处理** ○ 一旦发现传染病病例，教师须及时告知主班教师，由主班教师上报保健室。 ○ 立刻将患病婴幼儿按照隔离路线送至保健室进行隔离，并联系家长带回就医。其余婴幼儿则只在本班教室内活动，不接触其他班级婴幼儿，不进入公共区域。 ○ 婴幼儿确诊传染病后，教师按照园所消毒制度，每日对班级教室环境进行严格消杀，避免二次传染。 ○ 教师进行传染病追踪，婴幼儿若确诊为疱疹性咽峡炎、手足口、水痘、流行性腮腺炎等，须立刻上报保健室。	○ 班内发生传染性疾病时，教师应如何处理？ ○ 在传染病流行季，如何在日常生活中做好常规防护？	**操作时间：** 日常或出现传染病病例时。 **注意事项：** 1. 班上如出现传染病病例，立刻将患病婴幼儿按照隔离路线送至保健室进行隔离，并联系家长带回就医。其余婴幼儿只在本班教室内活动，不接触其他班级婴幼儿，不进入公共区域。 2. 教师进行传染病追踪，婴幼儿若确诊为疱疹性咽峡炎、手足口等传染性疾病，则须立刻上报保健室。	□操作顺序无误 □操作方法无误 □口述内容无误 —————— 是否需要再次考核 □是　　□否 —————— □操作顺序无误 □操作方法无误 □口述内容无误 —————— △通过 △未通过

（三）婴幼儿健康档案

定义：对婴幼儿在园身体情况进行记录建档。

意义与目的：产成数据，便于进行个体与群体分析，并针对婴幼儿下一步的发展予以反馈和支持。

原则：真实记录，长期保存，有序收纳管理，便于查看。

组成：

疫苗追踪管理（见表 105）

注意事项：

提醒家长在软件上录入婴幼儿已接种的疫苗信息，教师会根据 App 上的信息在下一次疫苗接种两周前提醒家长安排时间带婴幼儿接种。

婴幼儿健康档案工作站
表 105　检核项目：疫苗追踪管理

物品准备	SOP 流程& SOC 检核操作内容	SOC 知识检核	操作指南	备注
○ 儿童免疫接种证（附疫苗接种清单）	**了解情况** ○ 入园前了解婴幼儿疫苗接种情况，收集并复印儿童免疫接种证。 **情况记录** ○ 请家长在 App 上登记婴幼儿疫苗接种情况，上传证明（接种时间、接种疫苗名称、未接种疫苗、未接种原因）。入园前如存在到期未接种的疫苗，则请家长在期限内接种上传。 **跟进追踪，提醒疫苗接种** ○ 教师及时了解并记录婴幼儿的疫苗接种情况。 ○ 针对未接种疫苗或婴幼儿达到年龄可接种的疫苗，教师在接种疫苗两周前提醒家长带婴幼儿去相关单位进行疫苗接种。	○ 为什么婴幼儿需要接种疫苗？	**操作时间：** 婴幼儿入园前，婴幼儿到达疫苗接种年龄时。 **注意事项：** 1. 婴幼儿若由于身体原因无法接种疫苗，教师可在了解清楚后，在登记表中将原因填写清楚。 2. 婴幼儿若由于身体原因在当前阶段无法接种疫苗，教师则需时时关注婴幼儿情况，在身体无其他异常的情况下，提醒家长带领婴幼儿接种疫苗。 3. 许多传染病的高发年龄段是 5 岁以内，尤其是 2 岁以内，应尽早接种疫苗，有效保护婴幼儿健康，降低感染风险。 4. 婴幼儿在离开母胎 6 周后身体免疫会直线下降，很容易感染疾病，为了降低婴幼儿被传染病侵袭的概率，尽早接种相关疫苗。	□操作顺序无误 □操作方法无误 □口述内容无误 _____ 是否需要再次考核 □是　　□否 _____ □操作顺序无误 □操作方法无误 □口述内容无误 _____ △通过 △未通过

二、婴幼儿学习与发展

（一）教学活动组织与管理

定义： 一日生活中不同类型教学活动的计划、组织、开展与反思。

意义与目的： 根据不同活动类型，实施适当的教学方法，融合恰当的教学策略，在其他教师的配合下，通过计划、实施与反思，对婴幼儿的学习与发展予以全面且深入的支持。

原则： 根据婴幼儿月龄段，把控时长与活动形式；尊重婴幼儿的选择和兴趣，灵活为主，计划为辅；与班级其他教师做好配合，遵循师幼互动原则，及时评估，深入反思个人教学质量。

组成：

1. 组织晨圈（见表 106）
2. 组织小组活动（见表 107）
3. 组织过渡环节（见表 108）
4. 组织主题探索活动（见表 109）
5. 组织室内自由活动（见表 110）
6. 教师教学要求（见表 111）
7. 婴幼儿行为引导（见表 112）
8. 教学活动反思与反馈（见表 113）
9. 组织户外活动（见表 114）

注意事项：

- 所有的教学活动都应事先加以规划。在开展教学活动前，团队应进行预演，成熟的教师也需按照规划步骤在脑海中进行景象预演。
- 教学活动的设计与开展应与婴幼儿 0～3 岁能力目标相链接。
- 开展教学活动过程中，要注意婴幼儿所使用的材料和安全风险及身体照护。
- 成功的教学活动组织需要通过合理且密切的教师分工协作共同完成。
- 开展教学活动过程中，要多留意每个婴幼儿的个体发展，当日及时做好教学反思并制订下一步计划。
- 婴幼儿时期的教学活动应以游戏、感官体验、大量的实际操作为基础。

数学活动组织与管理工作站

表 106　检核项目：组织晨圈

物品准备	SOP 流程&SOC 检核操作内容	SOC 知识检核	操作指南	备注
○ 出勤记录表或图，音乐，音箱，绘本，天气角（托小班、托大班），地毯，其他主题交流道具	**活动提醒** ○ 教师可以通过播放婴幼儿熟悉的带有集合暗示的音乐，提醒婴幼儿收纳玩具，在地毯上集合。 **围坐** ○ 邀请婴幼儿在地毯上围坐成一个圆圈，确保大家能看到彼此；需要注意婴幼儿之间的距离不要太小，避免发生肢体碰撞。 **热情问好** ○ 教师向大家挥手，热情问候："宝贝们，早上好。"鼓励婴幼儿挥手（或以其他方式）向大家和教师打招呼。 **分享会** ○ 选项 A：教师可以播放欢快的童谣，邀请婴幼儿一起参与律动或阅读绘本故事（全年龄）。 ○ 选项 B：可以邀请幼儿观察今天的天气，在天气角上记录（托大班）。 ○ 选项 C：临近特殊事件或节日，可以和幼儿来一场谈话交流会，如"昨天的中秋节大家是如何度过的？"也可以和幼儿展开关于自己或教学主题的交流（托小班、托大班）。 ○ 选项 D：和婴幼儿分享今日的活动安排。 ○ 选项 E：请幼儿分享自己的自主探索计划（托大班）。 ○ 选项 F：趣味点名字。 ○ 选项 G：请幼儿分享今天的心情，如有情绪可以进行记录（托小班、托大班）。 **晨圈结束** ○ 语言表达对婴幼儿分享的肯定与感谢，并引出下一个活动内容。	○ 请说出邀请婴幼儿围坐时的注意事项。 ○ 你知道为什么要采用围坐的形式开展活动吗？ ○ 分享会中有哪些活动是可以开展的？ ○ 晨圈的时间一般多久为宜？	**操作时间：** 每日晨圈时间。 **注意事项：** 1. 教师可根据课程主题/节日或关键时间，灵活调整晨圈的活动内容和形式。 2. 乳儿班中不能独立坐的婴幼儿，可以采用一些辅助方式，如靠垫或教师抱坐。 3. 教师在晨圈的环节可以采用趣味化的方式完成点名。 4. 晨圈环节完整时间（包含集合与结束）： 乳儿班 5～8 分钟； 托小班 10 分钟； 托大班 10～15 分钟。 5. 潜移默化地培养婴幼儿的集体意识、社交意识，能感知他人，能感知他人与自己的不同。	□操作顺序无误 □操作方法无误 □口述内容无误 是否需要再次考核 □是　　□否 □操作顺序无误 □操作方法无误 □口述内容无误 △通过 △未通过

表 107   检核项目：组织小组活动

物品准备	SOP 流程&SOC 检核操作内容	SOC 知识检核	操作指南	备注
○ 小组活动物料、平板电脑	**告知婴幼儿** ○ 教师告知婴幼儿接下来的活动主题（例如："宝宝们，我们今天要来学习包饺子咯"）。 **婴幼儿分组** ○ 教师根据先前针对婴幼儿能力发展情况的观察，将婴幼儿进行分组，并引导婴幼儿进入小组（托小班、托大班可以自行挪动椅子）。每位教师负责其中一组的引导与拍摄记录工作。 ○ 强调小组活动约定（例如：在所属小组的范围内进行操作，有需要可以尝试自己解决/向同伴或教师寻求帮助）。 **物料呈现** ○ 教师将今日所需的物料呈现给婴幼儿，并一一介绍，或鼓励幼儿说出材料名称和功能（托大班）。 **活动实施** ○ 教师根据活动计划开展教学活动，一边操作一边为婴幼儿解释操作流程与方法；重点或复杂环节，教师重复演示 2～3 遍。 ○ 小组教师引导小组婴幼儿拿取材料，开始尝试操作。 ○ 教师根据婴幼儿的活动表现进行适时干预。 ○ 教师及时观察并记录婴幼儿表现。 **活动结束** ○ 活动结束后，可以将婴幼儿集中在教学区域，根据婴幼儿意愿展示婴幼儿作品，为婴幼儿提供正向反馈。 ○ 鼓励婴幼儿协同收纳物料。	○ 小组活动是否需要制订教学活动计划？	**操作时间：** 每日小组时间。 **注意事项：** 1. 活动开展之前可以提醒婴幼儿关于小组活动的约定。 2. 助教进行教学辅助，全班巡视，灵活进行一对一指导。 3. 在婴幼儿操作的过程中，教师可以进行儿童观察(如需要)。 4. 如需要拍摄，可以准备平板电脑。 5. 小组活动也应该有明确的教育目标，活动计划应考量婴幼儿的实际水平，提前作好重点、难点的教学引导策略。	□操作顺序无误 □操作方法无误 □口述内容无误 _____ 是否需要再次考核 □是　　□否 _____ □操作顺序无误 □操作方法无误 □口述内容无误 _____ △通过 △未通过

表 108　　检核项目　组织过渡环节

物品准备	SOP 流程&SOC 检核操作内容	SOC 知识检核	操作指南	备注
○ 活动物料、洗手液、纸巾、水杯	**收整上一个活动** ○ 教师鼓励婴幼儿一起收纳上一个活动的材料，把材料归纳整齐；如果活动中有婴幼儿作品，可以邀请婴幼儿欣赏同伴的作品。 **预告下一个活动** ○ 教师向婴幼儿预告下一个活动内容，如"宝贝们，我们接下来要出发去户外玩游戏咯，出发前想请我们的小朋友去洗洗自己的小手。" **生活环节或简短游戏** ○ 教师有序引导婴幼儿进入洗手间，使用七步洗手法清洗双手并用纸巾擦干，有解便需求的婴幼儿先解便后洗手。洗手后提醒有喝水需求的婴幼儿自取水杯，坐在位置上喝水（托小班、托大班）。 ○ 教师根据下一个活动的动静状态，选择过渡活动。 1. 播放音乐，在集中教学区组织几个简单的手指谣或音乐律动。 2. 集体语言游戏（例如：泡泡接龙）。 3. 自主选书阅读。 **过渡环节结束** 待所有婴幼儿加入过渡环节后，教师可以准备进入下一个活动。	○ 过渡环节的进行中，除了教师口头语言提醒，还可以借助什么方式提醒婴幼儿？ ○ 过渡环节中，教师一般会带领婴幼儿做哪些事？	**操作时间：** 过渡环节。 **注意事项：** 1. 在室内与户外环境的转换期间，教师在路途中可以与婴幼儿聊天，交流活动的心情，交流路途中的所见所闻。 2. 过渡环节可以播放欢快的音乐。	□操作顺序无误 □操作方法无误 □口述内容无误 —————— 是否需要再次考核 □是　　□否 —————— □操作顺序无误 □操作方法无误 □口述内容无误 —————— △通过 △未通过

表 109　检核项目：组织主题探索活动

物品准备	SOP 流程&SOC 检核操作内容	SOC 知识检核	操作指南	备注
○ 活动物料	**物料准备** ○ 教师将本次主题探索活动所需的物料从收纳柜中拿出，放在区域内随手可触但婴幼儿无法接触的位置。 **环境准备** ○ 教师根据教学计划中对环境的要求进行布置，如移动桌椅位置、调节光线明暗（灯光开关、窗帘开合）等。 **告知婴幼儿** ○ 教师告知婴幼儿接下来的活动主题（如："宝宝们，我们今天要和一个会发出声音的朋友做游戏咯"）。 **物料呈现** ○ 教师将今日所需的物料呈现给幼儿，并一一介绍。如果是之前出现过的物料，则鼓励幼儿说出物料名称和功能（托大班）。 **活动实施** ○ 教师根据活动计划开展教学活动。 动手操作类：一边操作一边为婴幼儿解释操作流程与方法。对于重点或复杂环节，教师则重复演示 2～3 遍。 绘本阅读：邀请婴幼儿围坐，教师将绘本内容面向婴幼儿，一边描绘或模仿其中的角色，一边指出对应的图片。 音乐表演类：教师可以先进行演示，重复 2～3 遍；或根据游戏目标，由婴幼儿自由发挥。 ○ 教师根据婴幼儿的活动表现进行适时干预。教师及时观察并记录婴幼儿表现。 **活动结束** ○ 活动结束后，可以将婴幼儿集中在教学区域，根据婴幼儿意愿展示婴幼儿作品，为婴幼儿提供正向反馈。 ○ 鼓励婴幼儿协同收纳物料。	○ 主题探索活动的教学模式是否一定要按照教学计划开展？ ○ 教学活动开展的过程中有哪些关注点是教师需要注意的？	**操作时间：** 每日主题探索时。 **注意事项：** 1. 教师可以根据婴幼儿的即时反应，在与主题相关的基础上，灵活调整教学模式。 2. 教师在教学活动开展的过程中注意婴幼儿目标的达成、关键词的强调，给予婴幼儿差异化关注。	□操作顺序无误 □操作方法无误 □口述内容无误 _____ 是否需要再次考核 □是　　□否 _____ □操作顺序无误 □操作方法无误 □口述内容无误 _____ △通过 △未通过

表 110　检核项目：组织室内自由探索

物品准备	SOP 流程&SOC 检核操作内容	SOC 知识检核	操作指南	备注
○ 区 域 玩具、观察记录表、便签、笔、平板电脑	**告知婴幼儿** ○ 教师告知婴幼儿接下来的活动是室内自由活动，和婴幼儿强调活动约定与规则（对人、对事、对物、对己）。 **活动准备** ○ 物料准备：准备好观察记录表、便签、笔、平板电脑等工具；环境准备：各个区域投放充足的玩具，环境整洁，没有其他干扰，进行风险排查。 **观察记录** ○ 婴幼儿进行自主探索，教师在空间内选择合适的位置（距离上、音量上、精神上不干扰婴幼儿）展开观察，可在便签或观察记录表上进行记录。 **适时干预** ○ 教师根据婴幼儿自主探索的状态和行为判断是否需要干预（例如：遇到思考/操作的瓶颈，尝试多次后无果的情况；婴幼儿之间出现矛盾，逐渐上升至肢体冲突前），并选择合适的时机进行干预。 **活动结束** 活动结束后，教师可以邀请婴幼儿分享自己在自主探索时间内的发现或感受（托小班、托大班），为婴幼儿提供正向反馈，鼓励婴幼儿协同收纳物料。	○ 室内自由活动前教师应提醒婴幼儿遵守哪些活动约定？ ○ 室内自由活动开展时教师应开展哪些工作？ ○ 室内自由活动开展前有哪些准备工作？	**操作时间：** 每日主题探索时间。 **注意事项：** 1. 在托大班自主探索活动开展前，教师可利用晨圈的时间邀请幼儿针对今天的活动进行计划。活动结束，收纳完成后，教师再次邀请幼儿针对自己的活动进行总结和分享（托大班）。 2. 记录方式多种多样，教师可根据情况选择书写记录、拍照记录或拍摄记录等。	□操作顺序无误 □操作方法无误 □口述内容无误 ——— 是否需要再次考核 □是　　□否 ——— □操作顺序无误 □操作方法无误 □口述内容无误 ——— △通过 △未通过

表 111   检核项目：教师教学要求

物品准备	SOP 流程&SOC 检核操作内容	SOC 知识检核	操作指南	备注
○ 教学活动开展的相关物料	**教学准备** ○ 教学活动开展前，务必做好充足的教学准备。 1. 物料（按照班级人数的 1.5 倍准备材料）。 2. 环境（安静、欢快、紧张，活动主题相关的环境氛围）。 3. 先前经验的铺垫（例如：观察并掌握春天的特点，再画春天）。 4. 熟悉教学流程。 **教学状态** ○ 教师精神饱满，有感染力。 ○ 表达有逻辑，吐字清晰，语速适中，语调不宜过高或过低。 ○ 眼神中传递出自信和对婴幼儿的信任与期待。 ○ 在活动中，灵活调整自己的角色（倾听者、引导者、学习者、观察者等）。 **教学形式** ○ 以婴幼儿当前月龄阶段能够接受的形式开展各类教学活动。 ○ 教学中注重给予婴幼儿表达的空间和操作机会。 ○ 教学形式应多以实物、图片或模拟的形式让婴幼儿加深理解。 ○ 教学过程中应留意婴幼儿的注意力水平，避免婴幼儿过度疲劳；动静结合，收放交替，教学时长不宜过长。 ○ 教学活动应考虑婴幼儿个性化的表达与操作，集体活动后可以安排个人操作或小组活动。 **教学内容** ○ 在教学活动中能够根据婴幼儿的反馈灵活调整教学内容。	○ 开展教学前，教师应该做好哪些准备工作? ○ 开展教学活动时，教师整体状态应是什么样子的? ○ 请说出教学形式中的一些注意事项。	—	□操作顺序无误 □操作方法无误 □口述内容无误 ——— 是否需要再次考核 □是　　□否 ——— □操作顺序无误 □操作方法无误 □口述内容无误 ——— △通过 △未通过

表 112　检核项目：婴幼儿行为引导

物品准备	SOP 流程&SOC 检核操作内容	SOC 知识检核	操作指南	备注
○ 活动相关物料、音频、音箱	**了解原因** ○ 当婴幼儿出现特殊行为，教师应制订观察计划，持续进行行为追踪，尝试寻找特殊行为背后的原因。 ○ 积极向其他婴幼儿、家长或教师多方了解婴幼儿行为出现的原因，并从环境、一日生活流程、教学、教师、同伴的角度考量是否存在影响因素。 **沟通与分析** ○ 可以通过与婴幼儿进行语言沟通，了解婴幼儿的想法和情绪；可以与同班教师交换观察信息和想法，分析原因；可以向婴幼儿的家长了解婴幼儿在家是否存在相关行为，了解教养方式或其他家庭因素。 **思考** ○ 教师整合多方的沟通结果进行分析。 1. 婴幼儿出现此种行为存在个人/家庭/同伴/环境原因。 2. 从教师/环境/家庭层面对婴幼儿进行行为认知与引导。 ○ 与班级教师、家长共同制订行为引导计划。 **调整** ○ 行为引导的过程中给予婴幼儿正向鼓励，持续进行观察与追踪，与家长进行信息交互，实现正向的行为引导。	○ 当特殊行为出现后，教师应该如何处理？	**操作时间：** 当婴幼儿频繁出现某一种特殊行为时。 **注意事项：** 1. 多个维度思考婴幼儿特殊行为背后的原因。 2. 多方努力，实现同步管理。 3. 在婴幼儿特殊行为出现变化时，应及时记录，并和家长进行反馈沟通。	□操作顺序无误 □操作方法无误 □口述内容无误 是否需要再次考核 □是　　□否 □操作顺序无误 □操作方法无误 □口述内容无误 △通过 △未通过

表 113　检核项目：教学活动反思与反馈

物品准备	SOP 流程&SOC 检核操作内容	SOC 知识检核	操作指南	备注
○ 便签、活动反思反馈表	**回顾活动** ○ 教师结束自己的活动之后，回顾活动的整个过程。 **简要记录** ○ 为防止遗忘，教师可以先在笔记本上简要记录活动开展过程中存在的问题、困难、优势（针对活动设计）。 **书写活动反思** ○ 教师在活动反思表上记录自己对于活动的完整反思（依活动过程回顾主要优劣势，婴幼儿在活动中的反应与操作情况，活动改进或下一步计划等）。 **教师可以思考** ○ 我的活动是否达到教学目标？若没有，为什么没有达到？若达到了，自己运用了哪些好的教学策略？ ○ 婴幼儿在整个活动中都是积极参与的吗？如果不是，你觉得婴幼儿没有积极参与的原因是什么？有哪些解决方法？ **内容检查** ○ 检查自己的反思，有需要修改/增减的地方（语言逻辑、内容描述）及时修正。	○ 你知道为什么要在教学活动后进行活动回顾及反思吗？	**操作时间：** 教学活动结束后。 **注意事项：** 1. 教师从婴幼儿发展、教师个人发展、班级管理、班级文化等层面进行多元反思。 2. 初级育儿教师可以在完成书写活动反思之后，请中、高级教师进行指导。 3. 及时的活动反思有助于发现自己在教学活动中的不足，提出更优的教学策略和内容，优化教学计划和个人教学风格，同时，有助于提高班级婴幼儿对于活动的参与度和兴趣。	□操作顺序无误 □操作方法无误 □口述内容无误 _____ 是否需要再次考核 □是　　□否 _____ □操作顺序无误 □操作方法无误 □口述内容无误 _____ △通过 △未通过

表 114　检核项目：组织户外活动

物品准备	SOP 流程&SOC 检核操作内容	SOC 知识检核	操作指南	备注
○ 户外活动物料	**告知婴幼儿** ○ 教师告知婴幼儿接下来的活动是户外探索，在进入户外场地的过程中与婴幼儿回顾活动约定（在规定范围内活动，进入沙池平稳地走，等等）。 **活动准备** ○ 另一名教师在出行前准备好户外活动所需物品。 ○ 在户外环境中布置好游戏活动所需的材料并进行危险排查。 **集体游戏** ○ 教师根据活动计划开展户外游戏活动。当日组织教师负责活动的组织工作，其他教师负责协助开展，并适时为婴幼儿提供健康照护。 **自主探索** ○ 教师在集体活动结束之后，引导婴幼儿在安全的场地范围内选择材料或区域进行自主探索，提醒婴幼儿在活动中保护好自己。 ○ 教师在过程中进行合理站位与巡视，为婴幼儿提供适时的引导。 **活动结束** ○ 活动结束后，为婴幼儿提供适当的正向反馈，鼓励婴幼儿协同收纳物料。	○ 户外活动中，教师的分工站位有哪些注意事项？ ○ 户外活动前教师需做好哪些准备？ ○ 你知道户外游戏有哪些基本规则吗？	**操作时间：** 户外活动时间。 **注意事项：** 1. 活动开展之前可以提醒婴幼儿关于户外活动的约定。 2. 教师在户外活动开展时要有明确的分工站位。一位教师负责教学活动的组织，另一位教师针对活动中个别情况进行引导，还有一位教师与班级保持合适的距离，确保能够看到全局。 3. 户外规则：明晰户外活动范围；有需要请呼喊教师的名字；请勿独自离开户外活动范围；往返过程随队步行，不能奔跑等。	□操作顺序无误 □操作方法无误 □口述内容无误 ＿＿＿＿＿＿＿ 是否需要再次考核 □是　　□否 □操作顺序无误 □操作方法无误 □口述内容无误 ＿＿＿＿＿＿＿ △通过 △未通过

（二）学习计划

定义：为支持婴幼儿学习发展而制订的关于环境、物资、个体与群体的计划。

意义与目的：把握婴幼儿现阶段与下一步发展的方向，配合环境、人员、物资、活动进行合理规划，以便更好地支持婴幼儿的全面与个性发展。

原则：计划合理，体现正确的教育观。

组成：

1. 班级环境创设方案（见表 115）
2. 制订婴幼儿个性计划（见表 116）
3. 升班交接（见表 117）
4. 教具、玩具投放规划（见表 118）
5. 教案书写（见表 119）

注意事项：

- 班级计划需要与班级其他教师沟通，做到人人知晓。
- 各类计划需要在园区和规定时间内完成，并提交至相关负责人。
- 合理计划物资数量、时间、空间，考虑合理的婴幼儿行动路径，保障月龄段内容的适宜性。

学习计划工作站

表 115　检核项目：班级环境创设方案

物品准备	SOP 流程&SOC 检核操作内容	SOC 知识检核	操作指南	备注
○ 环境创设方案计划表、物料申购单	**了解环境创设主题** ○ 了解下月的课程主题以及特色节日。 **班级讨论** ○ 班级全体教师针对下月主题组织会议，进行环境创设的"头脑风暴"。 **制定方案** ○ 将所有的思路充分沟通后进行整合，结合班级的空间和材料，进行环境创设方案的制定（班级教师可以轮流负责方案的制定）。对同一个主题至少提供两个方案。 ○方案中需包含所需材料、班级空间规划和环境创设构思图、本次环境创设包含的教育意义、人员分工、本次环境创设工作计划与时间节点、成品材料的收纳存放位置等信息。 **方案提交** ○ 将制定完成的环境创设方案提交给主班教师，主班教师通过后，提交至业务主任处进行审核。 **方案实施** ○ 审核通过后，教师根据分工尽快进行环境创设必备材料的申购，规划好时间与工作，并在下月 1 号前或特色节日的前一天完成环境创设。	○ 你知道环境创设方案多久制定一次吗？ ○ 你知道环境创设包含哪些具体工作吗？	**操作时间：** 节日活动或月主题更换前。 **注意事项：** 1. 教师可以征集婴幼儿关于主题/节日环境创设的相关意见和建议。 2. 教师可以邀请婴幼儿一起进行环境创设，部分材料可以邀请婴幼儿一起帮忙收集。 3. 根据主题的推进每月进行一次。 4. 环境创设应包含：主题墙更换、室内的功能区角玩具投放、展示区/公告区信息变更。	□操作顺序无误 □操作方法无误 □口述内容无误 是否需要再次考核 □是　　□否 □操作顺序无误 □操作方法无误 □口述内容无误 △通过 △未通过

表 116　检核项目：制订婴幼儿个性计划

物品准备	SOP 流程&SOC 检核操作内容	SOC 知识检核	操作指南	备注
○ 观察记录表、个性计划表	**婴幼儿成长观察记录梳理** ○ 将近 2 周至 1 个月的观察记录进行梳理，与各领域婴幼儿月龄对应的发展目标进行比对，对有待发展的领域及目标进行重点标记。 **家长沟通** ○ 和家长沟通婴幼儿近期发展情况，着重了解婴幼儿发展较为滞后以及家长注重的领域，知晓婴幼儿在家中的表现及家长的教养方式。 **教师整合** ○ 关键教师结合家长反馈的婴幼儿情况与在园情况，与班级教师进行婴幼儿、教师、家长、环境层面的研究讨论，寻找潜在的影响因素。 **制订个性计划** ○ 根据研讨中发现的影响因素，制订适宜婴幼儿的个性计划。个性计划应包含：实施原因、教学目标、开展时间、开展形式、开展过程与计划反思（计划反思在实施后填写）。 **审核学习计划** ○ 计划制订完成后，与业务主任进行个性计划的研讨和审核。 **家长反馈** ○ 将审核通过的个性计划分享给婴幼儿家长，说明计划制订的原因和目的，向家长传递家庭教育支持和班级教育支持的细节，此后开始按照计划执行。	○ 请描述制订婴幼儿个性计划的流程。 ○ 你知道为什么制订个性计划需要综合梳理观察记录并多方面了解和分析婴幼儿的行为成因吗？ ○ 你知道个性计划为什么要与家庭共享吗？	**操作时间：** 当集体计划无法满足个体婴幼儿时。 **注意事项：** 1. 教师在解释计划后，家长若对计划仍存在异议，在了解家长的想法后，教师判断是否需要适当调整婴幼儿个性计划。 2. 针对婴幼儿制订的个性计划开始实施后，可以多观察和记录，与家长及时沟通反馈。 3. 参考多方信息，使数据与情况分析更为准确和全面。 4. 让家长知晓结果分析后的解决方案，而不是仅仅停留在问题层面；家园配合对于婴幼儿的发展是至关重要的。	□操作顺序无误 □操作方法无误 □口述内容无误 ———— 是否需要再次考核 □是　　□否 ———— □操作顺序无误 □操作方法无误 □口述内容无误 ———— △通过 △未通过

表 117　检核项目：升班交接

物品准备	SOP 流程&SOC 检核操作内容	SOC 知识检核	操作指南	备注
○ 升班交接记录表、家长面谈记录表、面谈计划 ○ 婴幼儿成长档案、婴幼儿观察记录、阶段评估报告	**确定升班婴幼儿** ○ 根据婴幼儿的年龄和能力发展水平进行评估，确定满足升班条件的婴幼儿，提前与家长进行沟通。 **整理幼儿信息** ○ 收集梳理婴幼儿成长档案、阶段评估报告、婴幼儿观察记录、婴幼儿健康信息等相关资料。 **交接幼儿信息** ○ 将梳理好的婴幼儿信息交接给婴幼儿升班后的关键人。关键人通过阅读信息，对婴幼儿有初步了解。 ○ 与升班后的关键教师座谈交流，就婴幼儿的行为习惯、性格特点、饮食睡眠、情绪社交、发展情况、家庭情况、家长关注等情况进行详细交流，并填写升班交接记录表。 **新任关键人联系家长** ○ 新任关键人对婴幼儿有了初步了解后，联络家长约谈或家访，向家长了解婴幼儿情况，再依照面谈计划介绍班级情况，包含一日流程、学期计划与目标、教师情况、班级规则等。面谈过程需做好家长面谈记录。 **婴幼儿适应** ○ 入班前，现任关键人在不影响教学和其他婴幼儿照护工作的情况下，多带领婴幼儿熟悉新环境、新任关键人，逐步创造更多的时间和空间给新任关键人和婴幼儿。 ○ 入班后，现任关键人在不影响教学工作和其他婴幼儿的照护工作的情况下，逐步创造更多的时间和空间给新任关键人和婴幼儿，引导婴幼儿逐步适应新的环境和关系。适应期教师每日应积极主动地多和家长联系，主动沟通婴幼儿的适应情况。 **交接完成** ○ 婴幼儿基本适应之后，家长反馈不存在特别排斥情况，则交接完成。	○ 确定婴幼儿升班与否主要基于哪两方面的考量？ ○ 请说出婴幼儿升班流程。 ○ 请描述婴幼儿度过入班前后适应期的方法。 ○ 婴幼儿信息交接工作有哪些？	**操作时间：** 确定婴幼儿满足升班条件时。 **注意事项：** 1. 升班班级教师可以提前和本班婴幼儿沟通，营造出热情友好的欢迎氛围。 2. 婴幼儿现任关键人在不影响教学工作和其他婴幼儿照护工作的情况下，多带领婴幼儿熟悉新环境、新任关键人，逐步创造更多的时间和空间给新任关键人和婴幼儿。第一次适应 5 分钟，第二次适应 10 分钟……直到能够适应半天，或独自和新任关键人相处。	□操作顺序无误 □操作方法无误 □口述内容无误 是否需要再次考核 □是　　□否 □操作顺序无误 □操作方法无误 □口述内容无误 △通过 △未通过

表 118　检核项目：教具、玩具投放规划

物品准备	SOP 流程&SOC 检核操作内容	SOC 知识检核	操作指南	备注
○ 教具、玩具、学具、透明收纳筐、标识贴	**确立教具、玩具投放的发展目标** ○ 考虑班级婴幼儿的年龄特点和成长差异性，结合婴幼儿七大领域发展，与所要达成的每月教育目标紧密关联。 ○ 教具、玩具投放的目标应适应婴幼儿当前的实际能力水平，以及对应的最近发展区，避免目标略低抑制婴幼儿的创造力发展，或目标过高使婴幼儿失去探索信心。 ○ 注重各个区域的学习关联性。 **教具、玩具选择的投放原则** ○ 安全性：选择大小适宜、无尖锐边角的玩具，尽量不使用细长棍棒、线体；操作材料体积不应过小，且不易脱落，避免婴幼儿玩耍中吞食或塞入体内。 ○ 无毒：使用无异味、无毒涂料，部分玩具应选择天然和可食用级别的，咬食无毒。 ○ 趣味性：色彩能够吸引婴幼儿，且每样玩具尽量备多样玩法，充满故事情境和游戏可能。 ○ 丰富性：有明确的区域功能划分，种类多样，材质多样；质感不同：多类型触感、品质较高、真实的物品，如木质、棉麻质等，刺激幼儿的感官发展。 ○ 美观性：色彩柔和，无大 Logo，无闪亮荧光色，无卡通形象（如奥特曼、熊出没等）。 ○ 创新性：投放教师自制的教具、玩具或有婴幼儿参与制作的教具、玩具，投放的玩具应包含低结构材料，以鼓励婴幼儿自主探索多元的玩法，从自然中选取婴幼儿熟悉的材料，充实自然区域。 ○ 文化性：部分功能区的教具、玩具应尽可能地考虑本土性、国际文化和民族多元性，结合园本课程，供婴幼儿对多元文化进行认知和探索。 **投放策略** ○ 依据婴幼儿的年龄、身高、视野能力，及时调整玩具架上的教具、玩具。 ○ 每学期按照月教学主题循序渐进，难易程度分层次呈现。 ○ 组合类材料可按照各区域可容纳婴幼儿人数的 2～3 倍进行准备（如积木类、美工区的零散操作材料等）。 ○ 非组合类材料达到单个区域的玩具总数满足所能容纳婴幼儿人数的使用量即可，受欢迎的玩具可以多准备 1～3 套。 ○ 学具：按照全体婴幼儿人数的 1.5 倍进行准备。 ○ 将准备好的教具、玩具按照目标区域进行分类，完成分类的用收纳筐投放至所属区域并做好可视化标识（打印玩具的电子图像），方便婴幼儿辨识。	○ 请说出班级教具、玩具投放的时间周期。 ○ 请说出教具、玩具数量的准备要求。 ○ 请说出教具、玩具选择的投放原则。 ○ 要选择替换掉的教具、玩具应考虑哪些因素？	**操作时间：** 每月进行一次教具、玩具更替。 **注意事项：** 1. 小组活动时，根据教案，每个小组需要一份材料时，请准备婴幼儿数量 1.5 倍的份数。 2. 教师可以根据婴幼儿的日常兴趣，在合理范围内灵活调整教具、玩具的投放。 3 每月进行教具、玩具更替时，无须全部替换，仅选择一部分替换即可。	□操作顺序无误 □操作方法无误 □口述内容无误 是否需要再次考核 □是　　□否 □操作顺序无误 □操作方法无误 □口述内容无误 △通过 △未通过

表 119　检核项目：教案书写

物品准备	SOP 流程&SOC 检核操作内容	SOC 知识检核	操作指南	备注
○ EYFS 领域及目标、其他教案书写参考资料	**确定设计意图、教学领域及目标** ○ 根据每月婴幼儿学习与发展目标制订教学计划，明确学习领域，清晰教学计划实施的培养目标。 **书写教案：确定主题** ○ 依照当月的课程主题延伸出教学活动主题，以及教学活动目标。 **书写教案：活动流程和内容** ○ 书写主题、领域、实施对象的月龄。例如，主题：秋天的叶子，领域：数学，月龄：18 个月。 ○ 书写教学目标，确定目标时应考虑婴幼儿在情感、态度、能力、知识、技能等方面的发展。 ○ 书写活动准备，包含经验准备和物质准备两个方面。物质准备包含材料、环境准备；经验准备指教师要认真分析原有的婴幼儿知识经验。 ○ 书写活动流程，包含导入（如何吸引婴幼儿兴趣投入游戏活动）—演示（为婴幼儿建立学习经验）—尝试（请婴幼儿操作）—回顾（带领婴幼儿进行总结或表达自我）—总结。 ○ 书写助教职责（需要助教教师如何配合）、活动关键词（教学活动中的重难点或学习点）、差异化（教学活动中如何照顾不同能力水平的婴幼儿）等。 ○ 备注所运用到的教学资源，如故事、诗歌、音乐、图片等。 **实施与优化** ○ 根据当月当周计划，按照教案开展教学活动。根据教学活动的开展情况，进行教学计划的调整和优化。	○ 你知道制订教学计划和教学目标要根据什么吗？ ○ 书写一篇教案应包含哪些内容？ ○ 教学活动准备包含哪些内容？ ○ 你知道书写活动流程包含哪些步骤吗？	**注意事项：** 1. 确定教学活动的运动量和认知能力要求需要考虑婴幼儿月龄发展特点。 2. 教学活动内容的设计需要同步结合婴幼儿"最近发展区"。 3. 教学活动的设计要考虑婴幼儿的兴趣，进行有效结合。 4. 活动结束后，及时记录自己的课堂反馈，及时进行教案的内容优化。	□操作顺序无误 □操作方法无误 □口述内容无误 —————— 是否需要再次考核 □是　　□否 —————— □操作顺序无误 □操作方法无误 □口述内容无误 —————— △通过 △未通过

（三）婴幼儿发展评估

定义：基于 0～3 岁各项发展指标，对婴幼儿各阶段进行记录与评估。

意义与目的：便于深入了解婴幼儿各领域发展情况并制订下一步支持计划。向家长定期反馈婴幼儿的成长情况，家园配合，共同支持婴幼儿的进一步学习与发展。

原则：真实、专业、客观、正向，提供具体可落地的策略与解决方法。

组成：

1. 婴幼儿成长档案整理与管理（见表 120）

2. 婴幼儿观察记录分析（见表 121）

3. 入园起点评估报告（见表 122）

4. 阶段性观察与评估记录（见表 123）

5. 终期评估报告（见表 124）

注意事项：

- 对于婴幼儿领域发展的分析要从纵向、横向、微观、宏观等多角度展开。
- 避免使用绝对、极端的表达方式（如"一定""最""必须"），给自己留有余地和空间。

婴幼儿发展评估工作站

表 120　检核项目：婴幼儿成长档案整理与管理

物品准备	SOP 流程&SOC 检核操作内容	SOC 知识检核	操作指南	备注
○ 成长档案、姓名标识、婴幼儿照片、柜体标识	**准备工作** ○ 准备好匹配班级婴幼儿人数的成长档案，并做好姓名/照片标识。 ○ 成长档案的基础信息填写：婴幼儿姓名、照片、家庭成长轨迹、身体情况等。 ○ 准备好收纳档案的柜内空间并做好标识。 **添加内容** ○ 将在园期间的婴幼儿记录合理呈现、填充进成长档案中，如照片、文字、成长趣事、视频、婴幼儿作品等。 **收纳整理** ○ 将婴幼儿的成长档案归置在柜内指定位置。 **发放与收回** ○ 按照约定时间向家长发放婴幼儿成长档案，便于家长将婴幼儿的成长记录在册。提醒家长在合理的时间范围内归还，方便教师后续记录。	○ 请描述婴幼儿成长档案的作用。 ○ 你知道婴幼儿成长档案内应呈现和涵盖哪些内容吗？ ○ 请说出成长档案的整理与书写工作完成时间。	**操作时间：** 非照护时间。 **注意事项：** 1. 婴幼儿成长档案中涉及音频、视频或大型作品的内容，可以将内容生成二维码，打印在相关的内页上，供家长扫码查看。 2. 每周每位婴幼儿至少有 3 页的活动记录。 3. 成长档案每半年向家长发放一次（寒假、暑假前），假期结束后请家长带回，方便教师后续继续进行记录。 4. 成长档案是婴幼儿参加各种活动的成果记录，它是家长、教师了解和掌握婴幼儿发展状况的重要依据。	□操作顺序无误 □操作方法无误 □口述内容无误 ——————— 是否需要再次考核 □是　　□否 ——————— □操作顺序无误 □操作方法无误 □口述内容无误 ——————— △通过 △未通过

表 121   检核项目：婴幼儿观察记录分析

物品准备	SOP 流程&SOC 检核操作内容	SOC 知识检核	操作指南	备注
○ 记录便签、观察记录分析表	**客观记录** ○ 判断婴幼儿的行为举止是否反映出婴幼儿的学习情况（新技能、新认知、程度递进）。 ○ 用客观的语言、生动的文字简要记录婴幼儿的行为举止。 **识别婴幼儿发展阶段，链接七大领域能力** ○ 根据观察内容和婴幼儿月龄，分析其行为对应的 EYFS 七大领域发展指标。 **判断婴幼儿现阶段能力水平及制订下一步计划** ○ 判断婴幼儿与当前能力目标之间的呈现等级：出现、发展、掌握，并根据婴幼儿现阶段能力水平制订下一步计划。	○ 请描述观察记录分析的流程。 ○ 你知道为什么需要对所有的观察记录进行分析吗？ ○ 观察记录分析除了记录者独自进行外，还可以借助谁的经验共同完成？	**操作时间：** 完成观察记录的当周内。 **注意事项：** 1. 教师在完成观察记录之后，如果思路和目标清晰，则可以选择当天进行观察记录分析；若是教师对于掌握的信息不够清晰，则可以选择在自己研判、思考或与班级教师讨论后，在当周之内完成即可。 2. 只有对观察记录进行分析，才能了解并掌握婴幼儿的各项能力发展水平，为家长提供详细反馈，并制订下一步计划。	□操作顺序无误 □操作方法无误 □口述内容无误 是否需要再次考核 □是　　□否 □操作顺序无误 □操作方法无误 □口述内容无误 △通过 △未通过

表 122　检核项目：入园起点评估报告

物品准备	SOP 流程&SOC 检核操作内容	SOC 知识检核	操作指南	备注
○ 重点儿童观察计划、观察记录表、婴幼儿入园起点评估报告、儿童发展情况沟通表	**家长沟通情况** ○ 入园前亲师面谈沟通时，了解婴幼儿各领域能力的发展情况（乳儿班三大领域 9 项能力发展；托小和托大班七大领域 17 项能力发展），并记录在儿童发展情况沟通表。 ○ 了解家庭对婴幼儿的成长期待，注重婴幼儿哪些能力的发展，并记录在儿童发展情况沟通表。 **入园适应期与观察** ○ 基于对婴幼儿个体发展情况的了解，制订重点儿童观察计划和观察目标，观察期为 4～8 周。 **观察分析** ○ 关键教师每周进行一次观察记录的梳理和发展目标比对，与班级教师进行个案研究与讨论。 ○ 4～8 周观察期结束后，对婴幼儿全部的观察记录进行整合分析，链接到有效学习特征和七大领域能力目标及发展水平，形成婴幼儿入园起点评估报告。 ○ 根据婴幼儿现阶段各领域发展水平制订下一步学习计划。 **报告审核** ○ 婴幼儿入园起点评估报告在班级教师集体讨论通过后，交由业务主任审核。 **家园沟通** ○ 将婴幼儿入园起点评估报告（特别是家长注重的能力的评估报告）与家长进行详细的说明与沟通。 ○ 婴幼儿入园起点评估报告应包含：交流与语言发展（倾听与注意力、理解力、语言表达能力），身体发展（运动与操作能力、身体健康与自理能力），个人、社会性与情感发展（自信与自我意识、情绪与行为管理、建立人际关系），读写能力（阅读、书写），数学（识数、形状空间与度量），认识世界（人与群体、世界、技术），艺术与设计表现力（探索与使用媒介和材料、想象力）。	○ 你知道婴幼儿入园起点评估报告的作用是什么吗？ ○ 你知道进行起点评估的观察周期是多长吗？ ○ 请说出一位婴幼儿从入园前沟通到完成起点评估的流程。	**操作时间：** 新生入园适应期。 **注意事项：** 1. 入园观察期根据婴幼儿的适应情况进行灵活调整。 2. 针对婴幼儿现阶段发展能力较弱的方面，更多地与家长分享园方会采用的引导方法以及对于家园配合的建议。 3. 婴幼儿入园起点评估的作用是为婴幼儿的成长进步提供一个起点参考，便于在未来的每一次评估中查看婴幼儿在一个阶段内的成长进步情况。	□操作顺序无误 □操作方法无误 □口述内容无误 ——————— 是否需要再次考核 □是　　□否 ——————— □操作顺序无误 □操作方法无误 □口述内容无误 ——————— △通过 △未通过

表 123　检核项目：阶段性观察与评估记录

物品准备	SOP 流程&SOC 检核操作内容	SOC 知识检核	操作指南	备注
○ 阶段性观察与评估记录（包含质性评价）、过往的观察记录评估报告、下一步计划、面谈计划、App	**阶段性观察与评估** ○ 教师设定阶段性的成长目标，制订阶段性的观察计划并实施观察，记录婴幼儿的发展情况，并与班级教师进行分析与评估。 **观察资料的收集与梳理** ○ 教师将阶段性观察与评估记录及过去大量的观察记录和分析重新阅读并进行分类和梳理，对标志性的部分做好各领域能力的标注。 **分析与评估** ○ 将阶段性观察与评估记录和七大领域发展目标及有效学习特征相链接，进行分析与解读，寻找婴幼儿的成长轨迹与脉络。 **质性的评价** ○ 教师结合婴幼儿的成长故事书写评价内容。 **下一步计划** ○ 教师根据婴幼儿现阶段的能力发展水平，结合《发展很重要》中提出的月龄目标，制订下一步学习计划。 **审核** ○ 教师将报告上传到主班教师处，主班教师修改后交业务主任，审核后在 App 上提交。 **约谈家长** ○ 教师一对一与家长开展约谈，依据报告内容和家长详细沟通婴幼儿的成长，还可以分享婴幼儿的作品和成长故事以及下一阶段教师对婴幼儿的成长规划。	○ 为什么阶段性观察与评估记录要参照过去的观察记录？ ○ 请说出各年龄层阶段性观察与评估记录的开展周期。 ○ 阶段性观察与评估记录与往常的观察记录有什么区别？	**操作时间：** 乳儿班：每月一次。 托小班：每季度一次。 托大班：每学期一次。 **注意事项：** 1. 对于班级教师没有把握的内容和下一步计划，及时与业务主任进行沟通。 2. 针对婴幼儿出现的特殊情况或高频率行为问题，可考虑与家长进行一对一、面对面的沟通。 3. 往常的观察记录为分析和评估提供数据支持，从日常的行为记录中找到婴幼儿能力发展水平的佐证。	□操作顺序无误 □操作方法无误 □口述内容无误 是否需要再次考核 □是　　□否 □操作顺序无误 □操作方法无误 □口述内容无误 △通过 △未通过

表 124　检核项目：终期评估报告

物品准备	SOP 流程&SOC 检核操作内容	SOC 知识检核	操作指南	备注
○ 婴幼儿阶段性报告、App、婴幼儿终期评估报告	**终期评估报告计划** ○ 制订终期评估报告计划并执行，梳理婴幼儿的各领域发展情况，查看是否达到其月龄段的能力指标。 ○ 将婴幼儿在园期间所有的阶段性报告进行梳理。 **书写终期评估报告** ○ 应清晰呈现婴幼儿领域发展的趋势和路径，并为婴幼儿书写终期评估报告。 **报告审核与提交** ○ 主班教师审改报告内容，通过后交至业务主任处进行审核。 ○ 业务主任审核通过后，提交终期评估报告并生成纸质版，以备与家长面对面沟通使用。	○ 为什么终期评估报告要参考过去的观察记录？ ○ 请说出终期评估报告的开展周期。 ○ 终期评估报告与往常的观察记录有什么区别？	**操作时间：** 婴幼儿一学期结束或离开园所前。 **注意事项：** 1. 终期评估报告中可以同步生成婴幼儿的身体各维度的成长曲线图，给予家长直观的信息。 2. 终期评估报告生成后，教师与家长可进行约谈，针对婴幼儿的各项能力发展进行详细的沟通和解释，同时可以根据家长的需求，提供未来的育儿方向和指导。	□操作顺序无误 □操作方法无误 □口述内容无误 是否需要再次考核 □是　　□否 □操作顺序无误 □操作方法无误 □口述内容无误 △通过 △未通过

三、家长服务与支持

（一）家长沟通

定义：教师与家长关于在园婴幼儿的日常沟通与成长反馈工作。

意义与目的：家长能够及时全面地了解婴幼儿在园的学习发展情况，教师根据家长的反馈及时调整和反思自己关于婴幼儿个性的保教计划和支持策略。

原则：真诚，专业，从容。

组成：

1. 入园前沟通（见表 125）

2. 升班亲师沟通（见表 126）

3. 特殊沟通（见表 127）

4. 安全事故沟通流程（见表 128）

5. 阶段性评估报告沟通（见表 129）

6. 入园适应期沟通（见表 130）

注意事项：

- 入园沟通前，仔细阅读家长已提供的信息，对存在疑问和需要核对的地方进行标注，并在沟通的时候深入交流。
- 为了保证沟通质量，教师需在沟通前梳理整体的沟通逻辑，确保自己思路清晰。
- 将沟通的重点进行标注，并以正向的表达方式与家长进行沟通。
- 提前与家长沟通面谈时间，与园区确定场地和使用时间。

家长沟通工作站

表 125   检核项目：入园前沟通

物品准备	SOP 流程&SOC 检核操作内容	SOC 知识检核	操作指南	备注
○ 新生入园生活情况记录表、《致家长的一封信》、入园物资清单、iPad 下载与使用说明讲解	**顾问开场并介绍教师** ○ 重点对教师的特点进行介绍。 **教师自我介绍** ○ 介绍班级情况、婴幼儿人数、搭档教师名称、班级教师的分工等。 **生活状况沟通** ○ 根据新生入园生活情况记录表详细了解婴幼儿在家生活情况（吃穿睡、个性、体质、有无过敏、带养人、喜好、排便、习惯、情绪、发展、家庭带养技巧等）。 ○ 询问家长特别关注的事项，要提前说明园方和教师的处理方法，如家长建议穿衣服，要提前说明教师平常是怎么判断加减衣服的，减少后面家长反复电话提醒增减衣物的情况。 ○ 家长如果询问超过教师服务范围的事情，问题少可以简单回答，问题很多时需要顾问出面，询问家长是否还不太了解园所情况，是否需要再做相关介绍。如：家长询问中心可不可以单独提供食物；作息时间能不能个性化等。 **班级须知** ○ 简单介绍班级一日作息流程，说明这是一个大致参考的流程，有特殊情况会灵活处理。 ○ 说明班级的规则（如到校时间、每周物品接收时间、周计划、公告信息何时发布、教师的沟通时间、矛盾冲突事件的解决方式、特殊活动安排、约谈安排、关键人分配、家访、学期行事历等）。 ○ 说明班级学期发展的重点，安排面谈提供成长报告的时间，并展开具体说明。 **《致家长的一封信》** ○ 告知家长婴幼儿入园后的焦虑情况和请家长配合的方案。 ○ 告知集体生活中可能出现的问题以及班级教师的处理办法，包括家长配合。	○ 入园面谈时要与家长沟通哪些主要事项？ ○ 你知道为什么入园前的沟通要尽可能细致吗？	**操作时间：** 婴幼儿入园前一周。 **注意事项：** 1. 顾问在入园前一周预约安排家长作亲师沟通，确定好时间后将婴幼儿基本信息填写好交给保教主管。保教主管安排对应的教师，将表交给要做亲师沟通的教师。教师根据信息表准备亲师沟通的资料。 2. 如实告知教师的工作经历，以真诚的态度对待家长。 3. 主要向家长询问和确认婴幼儿的生活状况，教师不需要作过多的解释。 4. 作息时间表家长可以带回家。 5. 提醒家长园方规定的进餐和入睡时间，为了婴幼儿尽快适应中心的生活，请家长在家尽量将婴幼儿的作息时间调到和园方的时间一致。 6. 根据婴幼儿的不同适应阶段，准备相应的物品。 7. 再次与家长确认关于《致家长的一封信》里面的内容是否清楚，不明白的地方及时提出。 8. 对分离焦虑、喂药、婴幼儿受伤、传染性疾病等内容需要再次强调，同步给家长注册并讲解 App 的使用方法。	□操作顺序无误 □操作方法无误 □口述内容无误 是否需要再次考核 □是 □否 □操作顺序无误 □操作方法无误 □口述内容无误 △通过 △未通过

物品准备	SOP 流程&SOC 检核操作内容	SOC 知识检核	操作指南	备注
	○ 告知传染疾病或意外事件的处理办法。 **物资确认** ○ 给家长一份物资准备清单，并告知家长如何做好名字备注，说明每天必备物资。 **后续沟通联系方式** ○ 告知入园后保持沟通的联系方式。 ○ 提醒家长一定要看 App，教师会在上面反馈婴幼儿的情况。 ○ 请假、特殊情况晚到、早点接等内容一定要提前告知，教师也会担心婴幼儿。 ○ 早接晚送时间教师可能会比较忙，不能沟通太多，如果家长觉得有必要沟通可以提出，教师可以安排约谈时间或者接送完全部婴幼儿后再沟通。		9. 为家长提供全面的信息支持，解决家长的疑问，避免后续因沟通不到位而造成误解或矛盾。	

表126　检核项目：升班亲师沟通

物品准备	SOP 流程&SOC 检核操作内容	SOC 知识检核	操作指南	备注
○ 升班交接记录表、家长面谈记录表、面谈计划、一日作息时间表	**原班级发展评估** ○ 恭喜婴幼儿成长符合本年龄段特点，可以升班。 ○ 从各方面介绍本年龄段婴幼儿特点及表现形式和应对方式。 ○ 介绍婴幼儿的发育评估情况，先说好的，再说弱的，最后介绍班级的一些针对课程及活动。 ○ 给家长一些具体的带养建议或游戏方案。 **婴幼儿原班级生活及发展沟通** ○ 与家长确认从原班级了解到的婴幼儿的一些特殊生活习惯或行为习惯（如不吃什么、着急会打人、认生等，或是原班级教师觉得家长应特别关注的事情）。 ○ 告知家长针对婴幼儿的情况，本班级的应对措施（改善婴幼儿行为或打消家长疑虑）。 ○ 给家长一些具体的建议。 **家长需要补充或变更的内容** ○ 奶量餐食等。 **两年龄段差异** ○ 告知两年龄段一日作息上的差异。 ○ 告知两年龄段课程变化（可能课程名称没变，但内容更适合该年龄段婴幼儿的发展特点，可举例说明）。 ○ 告知带养方式变更及理由（如托小班作息变化、培养自己吃饭等，托大班自理能力的培养会更多，如自主喝水、如厕等）。 **婴幼儿适应升班可能会有的影响** ○ 先强调升班给婴幼儿带来好的方面（环境、交往、课程）。 ○ 告知刚升班的时候可能遇到的问题（不适应、不想上学等入园焦虑的症状）。 ○ 告知婴幼儿可能会出现的冲突等（社交教师的处理方式）。 **家长配合** ○ 物资准备：乳儿班准备如厕训练裤等。 ○ 给婴幼儿仪式感（庆祝升班），提前进行心理建设。 ○ 刚升班期间，与教师密切沟通和坚持陪伴婴幼儿入园。	○ 确定婴幼儿升班与否主要基于哪两个方面的考量？ ○ 升班阶段可以请家长从哪些事项上进行配合？ ○ 婴幼儿入班亲师交流中需要和家长沟通哪些事宜？ ○ 你知道婴幼儿升班后可能会出现哪些不适应的情况吗？	**操作时间：** 婴幼儿入园前一周。 **注意事项：** 1. 原班级教师根据婴幼儿的年龄和发展情况，计划升班。将婴幼儿情况告知保教主管，保教主管和顾问教师商量升班的时间和可以升入的班级。顾问告知家长婴幼儿准备升班了。保教主管告知原班级教师和升入班级教师可以给婴幼儿安排升班。原班级教师约亲师沟通时间，约好时间后告知新班级教师。两位教师共同参与亲师沟通。 2. 原班级教师开场，新班级教师主导。 3. 原班级教师为原班级发展进行评估。 4. 如遇婴幼儿不适应，需保持沟通，但要坚持上学。 5. 结束时告知家长以后保持沟通的方式；教师告知家长新教室监控名称，便于家长查找婴幼儿。	□操作顺序无误 □操作方法无误 □口述内容无误 是否需要再次考核 □是　　□否 □操作顺序无误 □操作方法无误 □口述内容无误 △通过 △未通过

表 127　检核项目：特殊沟通

物品准备	SOP 流程&SOC 检核操作内容	SOC 知识检核	操作指南	备注
○ 笔，笔记本，茶水，干净整洁、温度适宜的环境	**接收家长问题** ○ 接收并了解家长的问题，教师应站在家长的角度分析他们的核心诉求和所关注的育儿问题，根据事件经过提前反思家长可能产生的疑问，并做好回答准备。 **预约沟通时间** ○ 致电家长，同理家长的情绪，同时给予信心。 ○ 预约沟通时间和参与沟通的人员。 **问题沟通** ○ 提前准备好沟通环境，等待家长到来。 ○ 引领家长就座，向家长说明本次沟通的内容及要解决的问题。 ○ 首先倾听家长诉求，同理其情绪。当家长有疑问时要及时回应，并从园所教育视角阐明观点和看法。 ○ 明确家长的需求后，与家长共同商量具体的解决办法，如果园所有可行的方案，可以向家长提出。 **沟通结束** ○ 礼貌告别。 ○ 特殊沟通可能相关的事件：有关婴幼儿成长的问题（语言发展迟缓、社交冲突、饮食睡眠问题、分离焦虑等），有关家庭服务的问题（教师教育方式、产生的误会、家园共育问题等）。	○ 什么情况下教师应该进行特殊沟通? ○ 请描述进行特殊沟通的程序。	**操作时间：** 出现需要沟通的问题时。 **注意事项：** 1. 教师需敏锐捕捉家长的需求，沟通要及时。 2. 尽可能预约最近的时间，态度真诚，及时沟通；提前准备好沟通话术和关键点。 3. 沟通目的是解决问题，在沟通中切记不可作过多解释，实事求是，倾听家长的回复；同时要清楚底线，不要被家长牵着鼻子走。 4. 有关婴幼儿成长的问题，包括语言发展迟缓、社交冲突、饮食睡眠问题、分离焦虑等；有关家庭服务的问题，包括教师教育方式、产生的误会、家园共育问题等。	□操作顺序无误 □操作方法无误 □口述内容无误 _____ 是否需要再次考核 □是　　□否 _____ □操作顺序无误 □操作方法无误 □口述内容无误 _____ △通过 △未通过

表 128　检核项目：安全事故沟通流程

物品准备	SOP 流程&SOC 检核操作内容	SOC 知识检核	操作指南	备注
○ 婴幼儿伤情照片、伤情处理照片、安全事故会议记录	**判断伤情** ○ 根据受伤情况，及时处理。 ○ 拍照上报管理层（互通群）。 ○ 判断是否需要与家长沟通。 **建立沟通预案** ○ 调取监控，根据教师描述，还原事实。 ○ 组织话术，确定沟通人员。 ○ 致电家长，简单描述发生的情况及处理方法，同理家长的情绪。 ○ 预约家长当天提前来接，当面沟通。 **家长当面沟通** ○ 引导家长到独立房间，单独沟通。 ○ 给家长描述事情发生的经过：时间、地点、起因，重点描述教师的处理流程以及事后对婴幼儿的引导。 **沟通结束** ○ 再次表示抱歉，提醒家长注意观察婴幼儿回家后的情况，保持联系。 ○ 礼貌道别。 **班级复盘** ○ 监控回放，分析事故原因，调整方案，做好会议记录。	○ 你知道在安全事故沟通中最重要的原则是什么吗？	**操作时间：** 出现婴幼儿安全事故。 **注意事项：** 1. 发生事故后，教师可以引导并拍摄一些婴幼儿的表现，以便在家长沟通的时候分享。 2. 如果已提前与家长沟通，可以引导家长稍微早一点来园接婴幼儿，这样可以详细地向家长说明情况。 **安全事故沟通中最重要的原则：** 1. 与家长沟通的过程中应注意语言表达不能伤害其他婴幼儿，或让家长对其他婴幼儿产生偏见。 2. 如实陈述。 3. 真诚致歉。 4. 提出改善这一行为状态的办法。 5. 引导家长从婴幼儿的视角看待这个问题。	□操作顺序无误 □操作方法无误 □口述内容无误 _____ 是否需要再次考核 □是　　□否 _____ □操作顺序无误 □操作方法无误 □口述内容无误 _____ △通过 △未通过

表 129　检核项目：阶段性评估报告沟通

物品准备	SOP 流程&SOC 检核操作内容	SOC 知识检核	操作指南	备注
○ 上一阶段评估报告、现阶段评估报告、报告对比分析、面谈预约表、面谈记录、点心水果、婴幼儿成长影响记录	**整理现阶段评估报告** ○ 根据阶段性学习与发展报告 SOP，整理婴幼儿最近一个阶段的评估报告。 **梳理上一阶段评估报告** ○ 梳理婴幼儿上一阶段的评估报告。 **对比标记** ○ 教师将两份评估报告中的七大领域能力目标发展情况进行对比与分析，对产生差异的部分重点标记。 ○ 教师针对这一阶段婴幼儿的成长概况进行综合评级。 **预约准备** ○ 确定面谈所需场地、时间以及物料，和家长提前一周预约面谈时间。 **沟通反馈** ○ 简要回顾上一阶段婴幼儿发展水平。 ○ 沟通现阶段婴幼儿发展水平。 ○ 呈现两个阶段的发展变化并说明教师在此过程中的引导。 ○ 针对家长关注的领域重点沟通。 ○ 教师与家长分享这一阶段婴幼儿的成长影响因素，分享教师眼中婴幼儿的成长状态，给予肯定和鼓励。 **沟通结束** ○ 将家长送至门口，礼貌道别。	○ 请描述各年龄层阶段性学习沟通的频次。 ○ 在面谈前教师需要做哪些准备工作？ ○ 面谈中，教师主要针对哪些内容与家长沟通？	**操作时间：** 乳儿班：每月一次。 托小班：每三个月一次。 托大班：每半年一次。 **注意事项：** 1. 教师需提前一周梳理出下一周的面谈计划，交由业务主任审核，安排面谈场地、时间等相关事宜。 2. 面谈开始前一个小时再次确认面谈场地、环境、温度是否舒适以及相关沟通物料是否齐备。	□操作顺序无误 □操作方法无误 □口述内容无误 ——————— 是否需要再次考核 □是　　□否 ——————— □操作顺序无误 □操作方法无误 □口述内容无误 ——————— △通过 △未通过

表 130　检核项目：入园适应期沟通

物品准备	SOP 流程&SOC 检核操作内容	SOC 知识检核	操作指南	备注
○ 相关的记录	**情绪方面** ○ 客观反映婴幼儿情绪，与前一天比较，表扬进步，从而给家长继续送园的信心。 ○ 给第一天或前几天情绪都比较好的婴幼儿家长"打预防针"，告知家长婴幼儿情绪可能会出现变化。 ○ 对于情绪异常的婴幼儿，告知家长回家后的引导方法（正向引导、鼓励表扬婴幼儿、向婴幼儿传递父母的信任与爱）。 ○ 鼓励家长坚持送园，说明这对婴幼儿的适应有好处。 **生活方面** ○ 客观反映婴幼儿当日在园生活情况。 ○ 对异常婴幼儿家长多描述教师的做法及引导方式。 ○ 对于作息不规律的、习惯不好的婴幼儿，引导家长在家配合调整作息。	○ 在入园适应期，教师应主动与家长沟通哪些方面的内容？ ○ 你知道入园焦虑是什么原因引起的吗？ ○ 你还知道哪些方法可以帮助家长缓解婴幼儿的入园焦虑？	**注意事项：** 1. 新生第一天入园，除了家长接园时进行当面沟通以外，再以文字的形式在 App 上反馈当日入园整体情况，鼓励家长坚持送婴幼儿入园。 2. 一周结束后，提醒家长周末让婴幼儿保持规律作息，并分享 1～2 个本周园区小游戏，让家长在家每天陪婴幼儿一起玩，帮助婴幼儿熟悉。 3. 入园焦虑的形成原因。 **自身的个性与经验：**性格内向，缺少与父母短暂或长时间分离的经验。 **环境的变化：**家庭和园所的环境相差巨大，无法在短时间内接受陌生的环境和陌生的人。 **家庭因素：**家长溺爱婴幼儿，缺乏培养婴幼儿独立的意识；错误的语言引导，如"你再不听话，我就送你上学"等；家长自身的焦虑感染婴幼儿。 4. 帮助家长缓解焦虑的建议：邀请家长参观园所，细致介绍园所各项设施，增强家长对于园所人员和环境的信任，潜移默化地向婴幼儿传递积极的态度；邀请家长与婴幼儿一同参加园所活动。婴幼儿进入环境熟悉环境，通过活动喜爱环境，减少对环境和人员的陌生感。	□操作顺序无误 □操作方法无误 □口述内容无误 是否需要再次考核 □是　　□否 □操作顺序无误 □操作方法无误 □口述内容无误 △通过 △未通过

（二）亲子活动组织

定义： 园区内大型和小型亲子活动的策划、准备、开展与收尾复盘工作。

意义与目的： 锻炼提升教师个人的组织、策划、统筹等能力。

原则： 活动具备趣味性、月龄适宜性、互动性；活动融入正确的教育观、园区教育理念；婴幼儿和家长参与度齐平。

组成：

亲子活动组织（见表 131 ）

注意事项：

- 提前做好人员安排、物资采购等准备工作。
- 活动中把控全局，关注细节，随机应变。

亲子活动组织工作站

表 131 检核项目：亲子活动组织

物品准备	SOP 流程&SOC 检核操作内容	SOC 知识检核	操作指南	备注
○ 活动方案、物料申购单以及活动所需物资	**活动方案提出** ○ 根据教育总目标和学期计划，设定亲子活动主题，提出活动方案的大概思路。 **业务主任审核** ○ 将活动思路提交给业务主任，由业务主任进行审核。 **具体方案制定** ○ 审核通过后，制定具体的活动执行方案（涉及预算、活动物料、人数、流程、人员安排与职责、时间）。 **双主任审核** ○ 将具体活动方案提交给业务主任以及中心主任，进行审核。 **活动筹备** ○ 审核通过后，按照活动方案开展物料、环境、人员以及流程的筹备工作。 **告知家长** ○ 筹备中后期，告知家长活动的内容与安排，并邀请他们参加。 **活动执行** ○ 教师按照具体活动方案执行并开展现场协调工作。 **活动回顾** ○ 参与执行的教师在活动后收拾活动现场，并进行活动回顾，记录活动的优势和不足。 **活动后续** ○ 照片与影像整理分享，物料入库及报账工作。	○ 你知道开展亲子活动的目的是什么吗？	**操作时间：** 亲子活动开展前一个月完成方案策划。 **注意事项：** 1. 具体活动方案需要明确到个人，将活动职责合理分配。 2. 留有足够的时间购买物料、制作道具和布置环境。 3. 开展亲子活动的目的：促进亲子关系的健康发展；有利于婴幼儿身心的健康成长；帮助家长建立主人翁意识，激发家长积极合作的态度；让家长走进园所，使他们了解园所的教育理念；在婴幼儿与家长、教师与家长、家长与家长之间搭起一座沟通的桥梁。	□操作顺序无误 □操作方法无误 □口述内容无误 ——————— 是否需要再次考核 □是 □否 ——————— □操作顺序无误 □操作方法无误 □口述内容无误 ——————— △通过 △未通过

高级育儿教师工作站

培训与讲座

定义：根据教师、园区、家长的需求开展的学习交流会。

意义与目的：

1. 为教师搭建相互学习、相互交流的平台。

2. 为家长搭建相互交流育儿方法的平台，并与家长分享专业科学的育儿理念与策略。

3. 拉近教师、家长之间的关系，加强联系，从根本上促进婴幼儿的学习与发展。

原则：内容具有科学性或经验性，活动形式与主题/人群适宜。

组成：

1. 健康宣传知识编辑（见表 132）

2. 保育健康教师专项培训（见表 133）

3. 教育教学教师专项培训（见表 134）

4. 专项教研组织（见表 135）

5. 专题育儿讲座（见表 136）

注意事项：

• 培训内容和形式要考虑受众的接受度，过程中根据教师、家长的状态灵活调整培训内容和形式。

• 培训前期，做好人员、场地、流程、物资等方面的各项准备工作。

• 培训前、中、后期，可以采用适当的方法了解受众的需求与反馈，持续优化。

培训与讲座工作站

表 132　检核项目：健康宣传知识编辑

物品准备	SOP 流程&SOC 检核操作内容	SOC 知识检核	操作指南	备注
○ 相关网址、书籍、电脑	**明确主题** ○ 教师关注近期多发或易感疾病、关注各个年龄阶段的发展敏感期、其他保育主题。 **收集资料** ○ 教师根据宣传主题，通过专业保育网站、健康知识网站或论文收集相关资料。 **推荐网站：** www.healthychildren.org www.zerotothree.org www.positiveparentingconnection.net www.dxy.com **资料筛选** ○ 将收集的相关资料进行内容筛选，内容应包含园所教师教育照护和家长教育照护层面的指导。 **资料成文** ○ 将筛选后的资料结合实际情况进行编辑、撰写与处理，引用的内容需备注出处及作者。	○ 你知道分享婴幼儿保育知识的目的是什么吗？ ○ 在参考其他资料文献时应注意哪些问题？ ○ 作为分享的知识在传递给受众时，文本表述上应注意哪些问题？	**操作时间：** 每月。 **注意事项：** 1. 有关医疗内容的参考文献，需严格查看内容出处与作者，了解专业背景后再复核，不可随意进行网络选取，如出现观点矛盾的情况应谨慎采纳。 2. 宣传资料成文后，交由业务园长进行内容审核。 3. 根据宣传知识的受众，考虑文字的表达方式，应基于教师视角或家长视角，做到简明易懂、篇幅适中，并校对错字、认真排版。 4. 内容可以涉及理论与实践指导，侧重于实践指导。	□操作顺序无误 □操作方法无误 □口述内容无误 是否需要再次考核 □是　　□否 □操作顺序无误 □操作方法无误 □口述内容无误 △通过 △未通过

表 133　检核项目：保育健康教师专项培训

物品准备	SOP 流程&SOC 检核操作内容	SOC 知识检核	操作指南	备注
○ 培训方案、培训内容及课件、场地、培训物料（桌椅等）	**准备工作** ○ 教师制订培训计划，与业务主任一同确定培训主题。 ○ 准备培训内容、制作培训课件：培训的内容与培训时长需适宜，培训内容应考虑理论学习与实际运用相结合，为加深受众理解，可以增加实例的视频、照片作为素材。 ○ 提前安排时间、预约场地、准备其他培训物料。 **培训宣讲** ○ 在规定的时间进行培训。 ○ 培训过程中，应注重现场受众的接受与理解情况，在值得探讨的问题上可以开放讨论，或者请受众举例反馈，通过互动加深理解。 ○ 知识的传递可以结合模拟与实操，加深教师的理解。 **总结与反馈** ○ 培训结束，收集教师对于此次培训的总结与反馈，主讲教师可以请受众给予一些反馈，例如学习后的感受、新的学习需求，或提出相关问题进行互动。 **优化内容** ○ 根据教师反馈优化培训内容。	○ 你知道婴幼儿保育健康培训的目的吗？ ○ 你知道如何在培训中加深受众对培训内容的理解吗？ ○ 请说出教师进行专项培训时的工作流程和工作事项。	**操作时间：** 每月。 **注意事项：** 1. 培训内容包含理论学习与实践指导，在内容和形式设置上尽量有趣易懂。 2. 可以提前征集教师的需求，并提供培训。 3. 培训后可以使用"问卷星"收集教师对此次培训的反馈。 4. 为了检验教师的培训效果，可以在培训结尾设置相关的知识考核，开放性问题最佳。	□操作顺序无误 □操作方法无误 □口述内容无误 —— 是否需要再次考核 □是　　□否 —— □操作顺序无误 □操作方法无误 □口述内容无误 —— △通过 △未通过

表 134　检核项目：教育教学教师专项培训

物品准备	SOP 流程&SOC 检核操作内容	SOC 知识检核	操作指南	备注
○ 培训方案、培训内容及课件、场地设备、培训物料	**准备工作** ○ 教师制订培训计划，与业务主任一同确定培训主题。 ○ 准备培训内容、制作培训课件：培训的内容与培训时长需适宜，培训内容应考虑理论学习与实际运用相结合，为加深受众理解，可以增加实例的视频、照片作为素材。 ○ 提前安排时间，预约场地，准备其他培训物料。 **培训宣讲** ○ 在规定的时间进行培训。 ○ 培训过程中，应注重现场受众的接受与理解情况，在值得探讨的问题上可以开放讨论，或者请受众举例反馈，通过互动加深理解。 ○ 知识的传递可以结合模拟与实操，加深教师的理解。 ○ 确定培训考核内容，对培训结果进行验证。 **总结与反馈** ○ 培训结束，收集教师对于此次培训的总结与反馈，主讲教师可以请受众给予一些反馈，例如学习后的感受、新的学习需求，或提出相关问题进行互动。 **优化内容** ○ 根据教师反馈优化培训内容。	○ 你知道婴幼儿教育教学分享的目的是什么吗? ○ 请说出教师进行专项培训时的工作流程和工作事项。	**操作时间：** 每月。 **注意事项：** 1. 培训内容包含理论学习与实践指导，在内容和形式的设置上尽量有趣易懂。 2. 可以提前征集教师的需求，并提供培训。 3. 培训后可以使用"问卷星"收集教师对此次培训的反馈。 4. 为了检验教师的培训效果，可以在培训结尾设置相关的知识考核，开放性问题最佳。 5. 教育教学培训的目的之一是扩展教师的教育视野，建立教育理念，引发对教育的思考，从不同维度和领域认识前沿教育，所以培训也可以开放、多元，富有深度，不限于教学和带养实操。	□操作顺序无误 □操作方法无误 □口述内容无误 是否需要再次考核 □是　　□否 □操作顺序无误 □操作方法无误 □口述内容无误 △通过 △未通过

表 135   检核项目：专项教研组织

物品准备	SOP 流程&SOC 检核操作内容	SOC 知识检核	操作指南	备注
○ 教研活动方案、教研主题课件、白板、笔、白纸、影像资料（如有）	**明确主题** ○ 组织者与业务园长交流探讨，确定本次教研活动的主题。 **教研准备** ○ 自行针对主题进行资料的搜集、分析与整理。 ○ 通知教研组教师本次的教研主题，并要求各位教师针对此次教研活动做好准备。 ○ 组织者提前做好准备（流程、内容、时间、地点、人员分工等）。 **开展教研活动** ○ 组织者带领参会人员在规定的时间和场地开展教研活动。 ○ 参会人员围绕本次教研主题分享自己的观察与思考。 ○ 针对预设的问题和会上提出的问题进行深入的思考和讨论。 ○ 针对本次教研活动进行记录和总结，梳理完成后形成文件并提交至业务园长处。 **确定下一次教研方向** ○ 针对本次教研活动产生的问题和疑问，组织者可以鼓励教师在未来教学中实践。 ○ 通过收集反馈的方式，继续个人或小组实地教研。同时，确定下一次的教研活动主题，鼓励教师在下一次教研活动开展前继续搜集资料，带着对这一次教研活动的思考前来参会。	○ 你知道教研活动的主题应着眼于哪两方面吗? ○ 你知道教研活动存在的目的和意义吗? ○ 作为教研活动的组织者，需要做好哪些准备工作?	**操作时间：** 每月两次。 **注意事项：** 1. 活动中鼓励将教师的思考与讨论留痕，形成教研记录。 2. 鼓励参会人员积极参与，集思广益，踊跃发言。 3. 每次教研活动结束后，可以依照具体的教研方向，为参会人员留作业，方便参会人员在日常教学活动中做记录，并在下一次参会时交流与分享。 4. 教研活动的主题应来自园所的实际教育问题与婴幼儿发展的支持需要，教研活动的目的是解决实际的困难和问题。 5. 教研活动是所有教师共同表达教育观点、分享个人经验和贡献智慧的场所，并非培训和受训场所。	□操作顺序无误 □操作方法无误 □口述内容无误 —————— 是否需要再次考核 □是 □否 —————— □操作顺序无误 □操作方法无误 □口述内容无误 —————— △通过 △未通过

表 136　检核项目：专题育儿讲座

物品准备	SOP 流程&SOC 检核操作内容	SOC 知识检核	操作指南	备注
○ 讲座开展方案、讲座内容课件、多媒体、教具、所需物料	**确定主题，准备讲座内容** ○ 讲座开始前一个月，主讲人和业务主任沟通本次育儿讲座的主题，应从家长的育儿视角确定主题。例如，养护照顾、辅食营养、家教策略、能力培养等。 ○ 根据确定的主题，主讲人做好课件或其他相应准备。讲座的内容应包含知识分享和实操互动。 **制定方案** ○ 应考虑：参会人数、讲座场地、讲座时长、所需的讲座物料支持、讲座流程与内容、支持的活动人员安排等事宜。主讲人可以请求行政部门的协助，做好筹备。 **方案告知与彩排** ○ 将方案提交给业务主任进行沟通与审核，确认无误后，召开相关的行动会议，请有关人员参加并知晓对应配合的事宜。 ○ 讲座开始一周前安排一次彩排。 **邀约家长与讲座开展** ○ 讲座开始前半个月，由主班教师和顾问告知家长，确认参加名单，并在讲座开始前 3～7 天再次提醒参加讲座的家长。 ○ 根据人员的安排和分工，有序开展育儿讲座，过程中应与家长展开互动。 **收尾与复盘** ○ 参加讲座的工作人员协力恢复现场。 ○ 对本次讲座进行小结与复盘，并做好记录，下次优化改进。	○ 你知道专题育儿讲座的开展有哪些注意事项吗？ ○ 你知道专题育儿讲座的作用吗？ ○ 作为讲座的组织者，讲座开始前需要做好哪些准备工作？	**操作时间：** 讲座开始前的一个月开始筹备。 **注意事项：** 1. 讲座的开展可以有中长期的规划，尽量朝着系列讲座的方向开展。 2. 讲座主题的确定要考虑受众年龄层和家庭的切实需要。 3. 讲座的受众是家长，所以要以实操性强、符合生活应用场景、能切实满足家长需求、容易上手的内容为主，再辅助专业的知识。 4. 讲座的开展要注重互动，应该轻松愉快，积极温暖，不应制造过多的育儿焦虑。 5. 一场讲座的开展离不开服务，在筹备期应积极联络品牌宣传人员、营销与育儿顾问，从形象、服务与专业上一齐努力。 6. 专题讲座旨在满足家长照护和教育婴幼儿的迫切需求，能够有效地促进家园合作，并指导家长在婴幼儿离园期间对婴幼儿的照护和教育。	□ 操作顺序无误 □ 操作方法无误 □ 口述内容无误 ——————— 是否需要再次考核 □ 是　　□ 否 ——————— □ 操作顺序无误 □ 操作方法无误 □ 口述内容无误 ——————— △ 通过 △ 未通过

主班教师工作站

一、班级会议

定义：由主班教师组织开展的、针对本班事务的各项会议。

意义与目的：人人知晓班级各项事务，信息同频，以便班级教师针对班级下一步的发展与优化进行商讨协作，帮助家长了解班级人员组成、发展方向、班级信息，并就婴幼儿个人情况进行交流与反馈。

原则：逻辑清晰，内容、形式根据受众、时长进行灵活调整，对会议中提出的问题及时跟进。

组成：

1. 家长会（见表 137）

2. 班务会（见表 138）

3. 早晚会（见表 139）

4. 婴幼儿学习与发展班级研讨（见表 140）

注意事项：

- 除早晚会外，其他会议必须进行会议记录，便于后续查看与跟进。

- 针对会议中被反复提及或日常工作中反复出现的问题，进行重点讨论，提出解决方案，制订计划并落实执行。对于长期性的问题，可以在单次会议中进行过程性的反馈。

- 对于班级事务中出现的难点、疑点，经班级会议讨论仍无果的，及时告知园区管理层申请支持。

班级会议工作站

表 137　检核项目：家长会

物品准备	SOP 流程&SOC 检核操作内容	SOC 知识检核	操作指南	备注
○ 会议纪要	**确定时间** ○ 与业务主任确定家长会工作安排（时间、场地、重要主题）。 **准备会议** ○ 主班教师梳理此次家长会需要沟通的公共内容（分离焦虑、口腔敏感期等）。 ○ 制定家长会会议方案，家长会涉及的相关物料需提前申购。 **会议彩排** ○ 班级教师将家长会的内容和流程进行整体彩排，及时调整彩排环节中出现的问题。 **召开会议** ○ 班级教师根据方案流程有序召开家长会。	—	**操作时间：** 召开家长会前一个月。 **注意事项：** 1. 家长会涉及的相关物料需提前申购。 2. 提前告知家长配合园所防疫要求，准备好相关信息。 3. 提前邀请业务园长指导家长会彩排。	□操作顺序无误 □操作方法无误 □口述内容无误 是否需要再次考核 □是　　□否 □操作顺序无误 □操作方法无误 □口述内容无误 △通过 △未通过

表 138　检核项目：班务会

物品准备	SOP 流程&SOC 检核操作内容	SOC 知识检核	操作指南	备注
○ 纸、笔、会议纪要	**梳理会议议题** ○ 议题应包含：总结上周工作及存在的问题、下周工作安排、园务会议内容的执行计划、其他特别事件、教师反馈。会议议题应记录在会议纪要内。 **召开会议** ○ 主班教师在例会时间召集班级教师开班务会，其中一位教师需进行会议记录。 ○ 会议纪要应包含：参会人员、会议日期和组织时间、会议议题、议题具体内容、问题及解决方案、执行时间、执行负责人、相关人员、下周计划、工作部署与安排。 **会议内容共享** ○ 会议结束后，应把会议纪要发给各位教师和业务主任，确保人人知晓。	○ 你知道为什么要召开班务会吗？	**操作时间：** 一周一次。 **注意事项：** 1. 主班教师可邀请一位班级教师作会议记录。 2. 会议梳理工作前期由主班教师完成，待班级教师熟悉梳理形式后，可以逐步交给班级教师操作。 3. 召开班务会的目的：一是通过班务会总结经验、吸取教训，有针对性地对完成下一阶段工作任务制定具体的措施；二是通过班务会，调动班级教师积极性；三是针对班务会上查找出来的问题，全班人员共同分析研究，及时制定整改措施，明确努力的方向，防止今后工作中再出现类似问题；四是在班务会上，全班人员群策群力，为班级建设提出合理化建议和意见，推动整个班级健康发展。	□操作顺序无误 □操作方法无误 □口述内容无误 是否需要再次考核 □是　　□否 □操作顺序无误 □操作方法无误 □口述内容无误 △通过 △未通过

表 139　检核项目：早晚会

物品准备	SOP 流程&SOC 检核操作内容	SOC 知识检核	操作指南	备注
○ 会议纪要	**事项检查** ○ 确认当日工作安排及各个事项，早会内容应包含：当日需特殊关注婴幼儿的事宜，家长的留言，教学计划安排，需要配合与分工事项，教师身体及情绪关怀，其他问题。晚会内容应包含：交流当日的整体情况，针对特殊状况讨论出现的原因及解决办法，共同筛选今日照片，补充填写App，当日反馈。 **召开会议** ○ 根据议题精简快速地召开会议，主班教师做好简要记录，将重要事项填写在班级公示栏。 ○ 了解各位教师工作上的特别需求，给予支持。 ○ 了解各位教师身体和情绪上的需求，给予特别支持（如身体不适等情况）。 **答疑** ○ 讨论并解决班级教师在会上提出的问题。	○ 你知道为什么要召开早晚会吗? ○ 早晚会的内容包括哪些?	**操作时间：** 每日接园前和送园后。 **注意事项：** 1. 早会仅需 5 分钟左右，将当日工作安排做简要的梳理和分配。 2. 开早会前，确保教师已切换至工作状态（穿着工装、环境整齐）。 3. 开早会前，阅读家长留言，注意当日家长需求和需特殊照护的婴幼儿。 4.可根据情况，由主班教师决定是否进行会议记录。 5. 早会：确保班级全体教师知悉今日工作安排、特别注意事项，便于教师之间配合和工作顺利开展。 6. 晚会：梳理回顾当日工作，全体教师知悉工作中存在的问题和对应的解决方案，及时优化教育教学。	□操作顺序无误 □操作方法无误 □口述内容无误 ——————— 是否需要再次考核 □是　　□否 □操作顺序无误 □操作方法无误 □口述内容无误 ——————— △通过 △未通过

表140　检核项目：婴幼儿学习与发展班级研讨

物品准备	SOP流程&SOC检核操作内容	SOC知识检核	操作指南	备注
○《发展很重要》、近期观察记录、研讨会议纪要	**梳理班级婴幼儿情况** ○ 主班教师组织班级全体教师梳理班级婴幼儿近期观察记录，分析婴幼儿近阶段的成长情况。 ○ 各关键教养教师将关键教养婴幼儿的情况进行梳理，提出出现的成长问题或特征。 **分析原因** ○ 每位教师提出自己对每位婴幼儿成长情况的观察与分析，将罗列的问题和成长特征与各位教师进行讨论，各位教师给予自己的观点和分析（依据对婴幼儿的了解和观察、相处经验）。 **制定解决方案** ○ 针对婴幼儿出现的情况，大家一起综合探讨行为的原因和下一步计划或者个性计划。例如，针对婴幼儿出现的情况和各方面的发展情况，分析人际交往关系、家长教育、环境材料以及教育教学等因素，从而做下一步规划，制定解决方案，并融于家庭教育指导和班级保教活动中。 ○ 教师根据全体婴幼儿的发展情况，按照领域（语言、健康）和能力水平（1～3级）进行分类，针对不同领域与能力制订不同的教学计划与其他教学支持（环境）。 **会议总结** ○ 将当日的会议内容进行梳理，将问题与解决方案一一对应，做好会议纪要并提交给业务主任。	○ 婴幼儿学习与发展班级研讨多久进行一次？ ○ 请描述婴幼儿学习与发展班级研讨的组织流程。 ○ 你知道为什么班级要组织所有教师进行婴幼儿学习与发展班级研讨吗？	**操作时间：** 每月至少一次。 **注意事项：** 1. 对班级中每一位婴幼儿的发展情况都要进行研讨分析。 2. 针对需要家长配合的婴幼儿，教师需与家长约时间进行一对一的面谈，将对婴幼儿的分析研讨和建议告知给家长。 3. 研讨目的：梳理班级婴幼儿学习与发展能力水平，找到婴幼儿能力发展的牢固点和薄弱点，及时更新婴幼儿的下一步计划和班级整体教学计划；同时，便于向家长准确反映婴幼儿的成长与七大领域发展情况。	□操作顺序无误 □操作方法无误 □口述内容无误 是否需要再次考核 □是　□否 □操作顺序无误 □操作方法无误 □口述内容无误 △通过 △未通过

二、班级其他行政事务

定义：班级中除保育教学之外的日常事务安排与管理。

意义与目的：使班级各项工作能够顺利、稳妥地展开，为保育教育工作铺平道路。

原则：把握、抓稳班级的文化内核，言行一致。

组成：

1. 班级周计划（见表 141）

2. 教师培养（见表 142）

3. 家园共育（见表 143）

4. 一日常规建立（见表 144）

5. 网页记录审核（见表 145）

6. 班级公告发布（见表 146）

7. 班级行事历（见表 147）

8. 班级常规物资管理（见表 148）

9. 班级文件整理（见表 149）

10. 班级文化建设（见表 150）

注意事项：

• 各项计划保质保量、按时提交，按时更新并张贴在指定位置。

• 按时完成、认真负责、上传下达、主次分明。

班级其他行政事务工作站

表 141　检核项目：班级周计划

物品准备	SOP 流程&SOC 检核操作内容	SOC 知识检核	操作指南	备注
○ 周计划、活动方案申请	**确定主题** ○ 根据观察记录，与搭班教师沟通班级婴幼儿近期的兴趣与成长情况。 ○ 根据班级婴幼儿的共同兴趣点，与搭班教师协作确定下一周主题。 **制订计划** ○ 教师根据主题及班级婴幼儿月龄发展情况和需求，结合班级与园所实际材料与环境，制订适宜婴幼儿发展、贴合婴幼儿兴趣的活动计划。 ○ 将活动安排填写在班级周计划模板中。 **计划上墙** ○ 将确认好的周计划提交至教学园长，通过后，在周五下班前将周计划打印出来，并张贴在墙上。	○ 周计划的制订需要考虑哪些因素？	**操作时间：** 计划执行前一周。 **注意事项：** 周计划打印张贴前，再次确认活动安排与计划的可实施性。	□操作顺序无误 □操作方法无误 □口述内容无误 ——————— 是否需要再次考核 □是　　□否 ——————— □操作顺序无误 □操作方法无误 □口述内容无误 ——————— △通过 △未通过

表 142 检核项目：教师培养

物品准备	SOP 流程&SOC 检核操作内容	SOC 知识检核	操作指南	备注
○ 培养计划、观察记录本、检核表	**观察与了解** ○ 依照园所和总部对教师的培养计划以及主班教师的观察与共处经验，了解教师的专业能力水平，清晰培养方向与阶段目标。 **培养计划** ○ 制订相应的培养计划（包含培养内容、培养目标、培养周期、培养形式、最终评估方式及标准等）。 **展示指导** ○ 根据培养计划，主班教师提供专业的能力展示，在工作过程中进行耐心有效的指导，听取受训教师的感受和困难，给予支持，确保受训教师在一定周期内完成学习，从而得到专业提升。 ○ 指导过程应该温和亲切，多给鼓励肯定，遇到问题不带情绪，耐心指导。 **内部测评（阶段性考核）** ○ 在培养周期结束后，根据评估标准对培养对象进行测评。	○ 主班教师应以什么样的态度去指导受训教师？ ○ 你知道为什么要在工作中给予教师不断的学习和指导吗？	**操作时间：** 每月一次。 **注意事项：** 1. 计划制订完成后，与培养对象进行一对一的交流沟通，针对计划中产生的疑问进行解答或调整。 2. 根据培养内容确定合理的培养周期。 3. 及时为教师答疑解惑，激励教师队伍持续不断地成长，促进教师保育与教育专业能力的提高。	□操作顺序无误 □操作方法无误 □口述内容无误 ——————— 是否需要再次考核 □是　□否 ——————— □操作顺序无误 □操作方法无误 □口述内容无误 ——————— △通过 △未通过

表 143   检核项目：家园共育

物品准备	SOP 流程&SOC 检核操作内容	SOC 知识检核	操作指南	备注
○ 家园共育档案、《家长手册》	**工作梳理** ○ 针对不同年龄层的班级，梳理家园共育工作事项。 **内容传达** ○ 通过学期初的家长会、面谈等，向家长传递相关的家园共育内容。 **工作实施** ○ 根据实际的工作开展情况，按照日期规划完成家园共育工作。 **内部测评（阶段性考核）** ○ 部分家园共育工作的开展中有工作记录，需要将文件存入班级家园共育档案。 **附：家长管理工作内容** ○ 班级公告栏每日分享家庭所需协助的事项，每周分享教学周计划与食谱，每月提前公告当月班级活动。 ○ 班级每日分享当天的精彩活动瞬间。 ○ 定期向家长宣传有关婴幼儿成长的保育知识。 ○ 将建立好的婴幼儿成长档案阶段性地分享给家长，通过日常观察记录等渠道帮助家长更好地理解园所的教育理念并掌握婴幼儿的成长动态。 ○ 组织多样的家长活动，如生日会、节日活动等。 ○ 通过家长面谈、家访、家长会建立信任纽带。 ○ 请家长了解班级公约、《家长手册》并配合遵守。例如，出勤规定、资料收集、用药制度、查阅信息规则、接送请假规则、沟通渠道、意见或建议反馈方式、送园及物品准备规定、婴幼儿团体社交支持、影像拍摄与使用等。	○ 你能说出多少项家园共育工作内容？	**操作时间：** 新学期开始前两周。 **注意事项：** 1. 家园共育活动内容包含：家委会、家长会、家长手册、班级群文化建设、来园离园沟通、健康教育宣传、家长开放日、家长分享日、每月一封信等。 2. 建立家园共育档案，并根据活动类型做好分类。	□操作顺序无误 □操作方法无误 □口述内容无误 ———————— 是否需要再次考核 □是 □否 ———————— □操作顺序无误 □操作方法无误 □口述内容无误 ———————— △通过 △未通过

表 144　检核项目：一日常规建立

物品准备	SOP 流程&SOC 检核操作内容	SOC 知识检核	操作指南	备注
○ 内容中提及的所有表格、笔、标识贴、文件夹	**工作梳理** ○ 班级全体教师梳理一日工作，发现婴幼儿管理中存在的常见问题。 **结合婴幼儿兴趣点** ○ 结合班级婴幼儿的月龄特点、兴趣点，思考常规的趣味性，激发婴幼儿对常规的兴趣并执行。 **制定常规** ○ 根据一日生活中各个环节活动以及婴幼儿的兴趣点，配合环创，制定相应的常规。例如，饮水机用加油站装饰进行包装，将婴幼儿比作小汽车："小朋友要去加油啦。" **执行与巩固** ○ 在一日生活中执行常规，教师要起到模范带头作用，婴幼儿可以通过模仿，学习并培养常规意识。	○ 你知道一日常规的应用场景吗？	**操作时间：** 学期开学后一周内。 **注意事项：** 1. 托大班：可以邀请幼儿一起讨论并制定班级常规。 2. 对于一段时间内没有效果的班级常规，应及时发现问题并调整。 3. 班级常规可与家长进行分享，邀请家长在家中一起引导婴幼儿树立对于常规的认知、理解和执行。 4. 一日常规在班级生活中的应用最为多见，如洗手、吃饭、等待、如厕等。	□操作顺序无误 □操作方法无误 □口述内容无误 ———— 是否需要再次考核 □是　　□否 □操作顺序无误 □操作方法无误 □口述内容无误 ———— △通过 △未通过

表 145　检核项目：网页记录审核

物品准备	SOP 流程&SOC 检核操作内容	SOC 知识检核	操作指南	备注
○ 平板电脑、教师管理网页端	**打开网页** ○ 在平板电脑上打开园所教师管理网页端，阅读班级教师提交的内容，当日提交的审核应当日审阅完成。 **内容核对** ○ 照片类：审核教师选择的照片是否恰当（环境、其他婴幼儿有无危险行为、仪容行止），有无上传错误的情况。 ○ 分享表述类：审核有无错字，教师的文字表达是否会产生歧义或被曲解，有无不适宜的表达。 ○ 观察记录：将记录内容与七大领域能力发展目标及有效学习特征等指标进行匹配核对。 ○ 公告类：审核公告信息或上传内容是否有误，是否及时更新。 **审批** ○ 对存在问题的记录，主班教师予以退回，请教师处理后再次提交。 ○ 内容审核通过后提交。	○ 你知道教师提交的审核应多久审核完成吗？ ○ 进行内容核对时，各类不同的信息应如何审核？	**操作时间：** 每日。 **注意事项：** 1. 对记录中的小问题，如错别字，主班教师可以自行处理后直接提交。 2. 对于记录内容长期不达标的教师，面对面地询问其原因，并进行答疑和指导。 3. 对班级教师当天提交的内容应当天完成审核。	□操作顺序无误 □操作方法无误 □口述内容无误 —————— 是否需要再次考核 □是　　□否 —————— □操作顺序无误 □操作方法无误 □口述内容无误 —————— △通过 △未通过

表 146　检核项目：班级公告发布

物品准备	SOP 流程&SOC 检核操作内容	SOC 知识检核	操作指南	备注
○ 平板电脑、教师管理网页端	**梳理内容** ○ 主班教师梳理当日婴幼儿相关内容以及明日的通知（家庭教育配合事项、携带教学相关材料、新增衣物等）。 **编辑内容** ○ 主班教师打开网页/App 进行内容的填写与编辑。 ○ 编辑内容应详细写明主题、内容、日期，如果需要家长协助，应尽可能详尽地告知家长如何做，或提供参考示例。 ○ 编辑信息时应阐明原因，并注意措辞文明有礼。 **班级教师核对** ○ 全体班级教师对内容进行核对，防止内容遗漏或表达有误。 **公告提交** ○ 内容确认无误后，在网页中提交审核。	○ 你知道哪些事项可以用于班级公告发布吗？	**操作时间：** 每日离园前。 **注意事项：** 1. 注意内容中的错别字、排版格式及家长的阅读感受。 2. 内容要抓住重点、清晰简明，不宜过长。	□操作顺序无误 □操作方法无误 □口述内容无误 ―――――――― 是否需要再次考核 □是　　□否 ―――――――― □操作顺序无误 □操作方法无误 □口述内容无误 ―――――――― △通过 △未通过

表147　检核项目：班级行事历

物品准备	SOP 流程&SOC 检核操作内容	SOC 知识检核	操作指南	备注
○ 平板电脑、教师管理网页端	**熟知园所年/学期/月行事历** ○ 主班教师组织班级教师对园所年/学期/月行事历进行梳理和解读，清晰总目标，划分阶段性工作目标及与目标相关的工作。 **梳理班级工作，制作班级行事历** ○ 组织班级教师根据阶段工作目标梳理班级工作。例如：主题环创计划、家长会日期、家访日期、每月或每季度家长面谈、阶段性评估日期、节庆班级活动、成长记录整理、班级会议日期、教研日期、培训日期、生日会日期、园所会议、教学计划上交日期等（教师可以根据各班工作需要添加）。 ○ 根据梳理的工作进行班级行事历的填写和制作，明确每项工作的起始时间与工作周期。 **告知张贴** ○ 制作完成后，与班级全体教师进行讨论，做到人人知晓，将班级行事历张贴在教室内，便于大家随时查看。 ○ 将确定的班级行事历分享给业务主任及教育顾问、中心主任。	○ 你知道班级行事历的制定目的是什么吗？ ○ 制定班级行事历应包含哪些工作内容？	**操作时间：** 每月/周开始前。 **注意事项：** 行事历中可以留一些空白，以便在日常工作中随时补充。	□操作顺序无误 □操作方法无误 □口述内容无误 是否需要再次考核 □是　　□否 □操作顺序无误 □操作方法无误 □口述内容无误 △通过 △未通过

表 148　检核项目：班级常规物资管理

物品准备	SOP 流程&SOC 检核操作内容	SOC 知识检核	操作指南	备注
○ 班级固定资产清单、物品标识	**列出清单** ○ 主班教师将班级内所有固定资产进行梳理盘点，贴好班级物品标识。 ○ 在清单中列出物品名称、数量、图片等信息（固定资产包含：桌椅、电器设备、玩具柜、平板电脑等固定使用和存放于各班级的物品；移动资产包含教具、玩具、餐具、书籍、装饰物、工具等可分享共用的物品）。 **行政核对** ○ 将清单内容与行政人员进行核对，确保物品及数量无误，确认内容无误后签字。将列好的清单交予行政部门进行备份。 **物品使用** ○ 在使用过程中，教师应记住物品的借用动向、耗损、丢失情况。移动资产进班和出班前都需要在清单上注明时间、数量和名称，使用后应及时归还库房，以便其他班级使用。 **物品知晓** ○ 主班教师将确认好的清单告知班级所有教师，并将清单存入班级档案。	○ 你知道固定资产和移动资产的不同之处吗？ ○ 请说出物品使用过程中的注意事项。	**操作时间：** 新班级开学前。 **注意事项：** 1. 借出物品还回时，应按照清单数量和图片进行核对。 2. 更换班级进行物品交接时，核对使用清单。	□操作顺序无误 □操作方法无误 □口述内容无误 ——————— 是否需要再次考核 □是　　□否 ——————— □操作顺序无误 □操作方法无误 □口述内容无误 ——————— △通过 △未通过

表 149   检核项目：班级文件整理

物品准备	SOP 流程&SOC 检核操作内容	SOC 知识检核	操作指南	备注
○ 内容中提及的所有表格、笔、标识贴、文件夹	**文件准备** ○ 教师将所有班级文件准备完成，包括婴幼儿学生档案、学生成长档案、婴幼儿出勤表、因病缺勤表、物品接收登记表、体温登记表、午睡监测表、班级清洁与消毒登记表、紫外线消毒登记表、意外伤害记录表、隐患排查记录、周计划、教学活动计划、会议记录、班级物资清单、观察记录及分析表、班级采购申请表、其他教学文件。 **分类归纳** ○ 将班级文件进行分类整理，填写完成后的同一类文件收纳在同一类文件夹下，并在侧面做好标识。 **摆放归置** ○ 在专属文件柜中进行摆放。	○ 你知道班级整理与收纳这些文件资料的目的吗？ ○ 你能说出多少种班级常用的管理表格？	**操作时间：** 开园前一周。 **注意事项：** 1. 准备好至少两周用量的班级登记表格；每周消耗多少，就准备多少。 2. 放在便于教师拿取的位置。 3. 这些工作的目的是：日常工作记录与留痕，便于日后迎检或有其他需要时方便查询拿取。	□操作顺序无误 □操作方法无误 □口述内容无误 ———————— 是否需要再次考核 □是 □否 ———————— □操作顺序无误 □操作方法无误 □口述内容无误 ———————— △通过 △未通过

表 150　检核项目：班级文化建设

物品准备	SOP 流程&SOC 检核操作内容	SOC 知识检核	操作指南	备注
○ 班级文化建设公约	**探讨班级文化** ○ 教师之间应增加对彼此的了解，可以互相分享自己的工作经历、童年经历、生活、兴趣爱好、个性、优劣势等，让同班教师对彼此有更加立体和感性的认识。 ○ 主班教师与班级教师从婴幼儿发展、教师协作以及家园共育的角度，共同思考与探讨希望达成的愿景。例如，教师可以详细描述自己对以上工作的理想状态，提炼出关键词，以实际的案例或经验来描述，使人理解。 **确定班级文化** ○ 根据每位教师提出的关键词，具体落实到各项工作中，探讨如何朝着设定的共同目标前进。 例 1：在家园共育中，大家的愿景关键词是"信任、支持、温暖"，那么在家长沟通、家长约谈、家长会等环节中，如何在保证工作品质、不破坏原则的前提下，让家长感受更好？ 例 2：在 1～2 岁幼儿语言发展的关键时期，如何在一日生活、自由探索、教学计划、班级常规中避免限制语言发展的做法，同时又符合园所原则？如何通过观察记录了解幼儿的发展？ ○ 出现问题沟通时，避免互相指责。 ○ 婴幼儿安全共同负责。 ○ 团队请假时要做好协作支持。 ○ 工作繁忙时，相互理解、关心。 **形成公约** ○ 当几位教师对班级的工作达成共识后，可以将班级文化公约写出来，大家将朝着同一个目标开展工作。	○ 你知道主班教师带领班级团体建立文化公约的目的吗？ ○ 请说出制定班级文化公约时的注意事项。	**操作时间：** 学期初。 **注意事项：** 1. 班级文化建设应符合园所的教育原则、理念、工作规定。 2. 在实施的过程中，若有需要调整的、更适宜本班婴幼儿实际情况的、利于教师协作的方案，要及时调整。 3. 班级是婴幼儿最重要的成长环境之一，班级文化的建设直接关系到婴幼儿的成长。班级文化建设是班级建设的重要支持。班级教师因为共同建设班级文化而团结，达成工作方向与目标的一致，有利于教师协作和婴幼儿的发展。	□操作顺序无误 □操作方法无误 □口述内容无误 ——— 是否需要再次考核 □是　　□否 □操作顺序无误 □操作方法无误 □口述内容无误 △通过 △未通过

教学主任工作站

一、保教管理

定义：在托育机构中，针对教育和保育活动实施的系统管理策略和实践。该管理涉及制订教育计划、监督教育活动、促进教师专业发展以及维护婴幼儿安全和健康的学习环境。

意义与目的：确保教育活动的质量和效率，支持婴幼儿的全面发展。通过有效的管理，教育机构可以提供一个结构合理、多样化的学习环境，帮助婴幼儿在成长的关键阶段奠定坚实的基础。

原则：

全面发展原则：教育活动应注重婴幼儿身心的全面和谐发展。

平等包容原则：为所有婴幼儿提供平等的教育机会，满足和尊重每个婴幼儿的独特需求和背景。

安全优先原则：确保教育环境的安全性，排除任何可能对婴幼儿身心健康构成威胁的因素。

持续改进原则：教学园长应不断评估和改进教育策略和方法，通过定期的教育研究、教师培训和反馈机制，提升教学和管理的质量。

家园共育原则：主动与家长建立合作关系，共同支持婴幼儿的教育和发展。家园共育可以通过定期的沟通、家长会议和参加园所活动来实现。

专业领导与团队合作原则：教学园长应展示专业领导力，建设和维护一支专业的教师团队。团队合作对达到教育目标至关重要，应通过共享最佳实践、团队培训和开放沟通来实现。

组成：

1. 月度保教工作计划（见表 151）　　2. 保教例会（见表 152）　　3. 园所教研会议（见表 153）

4. 园所环境创设规划（见表 154）　　5. 带培工作指导与监督（见表 155）　　6. "一日三巡"（见表 156）

7. 园长跟岗（见表 157）

注意事项：

- 教师培训和发展：定期对教师开展专业培训和评估，确保他们具备适当的教学能力和最新的教育知识。
- 家长沟通：与家长保持开放和持续的沟通，确保教育目标和方法得到家庭的理解和支持。
- 环境适宜性：持续评估和调整教学环境，确保其支持教学活动的需要，同时是安全的。
- 监控与评估：实施定期的监控和评估机制，评估教育活动的效果，及时调整教育策略，提高教育质量。

保教管理工作站

表 151　检核项目：月度保教工作计划

物品准备	SOP 流程&SOC 检核操作内容	SOC 知识检核	操作指南	备注
○ 上月保教工作计划、上月保教工作问题梳理、月度保教工作计划表	**回顾上月工作** ○ 找到上月保教工作计划以及上月各类保教工作记录，进行事项的回顾、汇总、反思。 **梳理工作** ○ 将上月未解决事项、新事项，结合本月重点工作事项进行分类、汇总、梳理。 **填写计划** ○ 填写上月待解决与本月工作事项，按照月度保教工作计划中的各个版块，重要事项具体到人、材料以及各类细节。 **回顾计划** ○ 计划完成后，整体检查，确认是否有遗漏或错误。 **计划提交与分享** ○ 将月度保教工作计划提交至园长，并分享至"教研院"。 ○ 将月度保教工作计划中的部分相关性工作在第一周的保教例会中与园区教师分享。	○ 为什么要制订月度保教工作计划？	**操作时间：** 上月月底或本月月初。 **注意事项：** 1. 设定清晰、可实现的教学目标，确保这些目标符合儿童的发展阶段和学习需求，同时与教育机构的长期目标保持一致。 2. 计划应包含所有相关方面，如教学活动、安全健康管理、资源需求、教师发展等。 3. 确保计划具有一定的灵活性，以适应突发情况或调整需求。 4. 在制订计划时考虑资源的可用性，包括人力、物资和财力方面。确保所需资源在实施计划时能够到位。 5. 在计划制订过程中，应参考教师和其他教育工作者的意见和建议，有助于增加计划的全面性和可接受度。 6. 加强与家长的沟通，确保家长了解教育活动的内容和目的以及他们在家庭中应如何支持。 7. 合理安排时间和日程，确保活动分配平衡，避免教师和婴幼儿过度疲劳。 8. 考虑特殊活动或节假日的影响，相应调整日常安排。 9. 制定具体的监控和评估机制，定期检查计划的执行情况，评估教学效果，及时调整不合适的方案。 10. 考虑园所所在社区的文化特点和社会环境，确保教学内容的相关性和适宜性。 11. 确保所有计划的活动都符合安全标准，特别是涉及婴幼儿的安全和健康的方面。	□操作顺序无误 □操作方法无误 □口述内容无误 ＿＿＿＿＿＿ 是否需要再次考核 □是　　□否 ＿＿＿＿＿＿ □操作顺序无误 □操作方法无误 □口述内容无误 ＿＿＿＿＿＿ △通过 △未通过

表 152　检核项目：保教例会

物品准备	SOP 流程&SOC 检核操作内容	SOC 知识检核	操作指南	备注
○ 笔记本电脑、纸、笔	**听取汇报** ○ 组织各班教师参会，请各班分享班级本周或上一周工作总结及出现的状况，阐明本周或下周的班级计划，至少有一位人员做好会议纪要。 ○ 班级工作总结应包含以下几方面内容：班级出勤报告、班级意外事故报告、班级婴幼儿身体健康情况报告、婴幼儿饮食情况、班级卫生消毒与安全排查情况汇报、班级保教活动开展情况、班级家长反馈情况、班级投诉事件、观察计划情况、新生入班情况、班务会总结。 ○ 班级工作计划应包含：针对上周出现的问题的改善计划、教学活动开展周计划、班级事务安排计划、环创计划、家长沟通计划、新生入班安排、教师请假及排班、本周工作重点等。 **园所工作告知** ○ 业务主任将园所本周或上周工作进行总结，并梳理本周或下周工作安排及注意事项。 ○ 需公告：家长的反馈、新生入班情况、续费情况、安全管理问题、考勤情况、餐食安排、有关全园医疗保育的安排（如疫情或传染病期间）、园所活动、员工培训计划、采购情况、园所本周计划、跟岗时间安排等。 **工作部署** ○ 根据本周工作计划，给相关负责人员布置工作，并将工作开展的方式和注意事项逐一阐明，设定完成工作的时间。 **答疑** ○ 根据本次会议中或者教师日常工作中的疑问进行简要讨论和解答。	○ 你知道保教例会中业务主任需要向各位教师传达哪些事项吗？ ○ 你知道定期召开保教例会的目的是什么吗？	**操作时间：** 每周一次。 **注意事项：** 1. 会议前安排一位参会人员进行会议记录，可轮流记录。 2. 例会中除了上述固定流程外，可以根据园所实际情况，在每一次例会开始前请班级教师分享并组织一个集体游戏，活跃会议氛围，增强团队意识。 3. 召开保教例会的目的：将园所安排与事项及时告知教师，保持目标一致，配合工作顺利开展；将各班级工作开展情况进行反馈，做到人人知悉班级工作的开展情况，相互配合支持；针对工作中产生的问题进行讨论答疑。	□操作顺序无误 □操作方法无误 □口述内容无误 —————— 是否需要再次考核 □是　　□否 —————— □操作顺序无误 □操作方法无误 □口述内容无误 —————— △通过 △未通过

表 153　检核项目：园所教研会议

物品准备	SOP 流程&SOC 检核操作内容	SOC 知识检核	操作指南	备注
○ 教研会议方案、教研主题课件、白板、笔、白纸	**确定主题** ○ 根据园所教研计划或教师需求确定本次教研会议的主题。 **教研会议准备** ○ 针对主题进行资料的搜集、分析与整理。 ○ 通知教研组教师本次的教研主题，并要求各位教师针对此次教研会议做好准备。 **提出问题** ○ 组织者针对此次教研主题提出几个有价值的问题，供教师在会上深度研讨。 **召开教研会议** ○ 组织者带领参会人员在规定的时间和场地召开教研会议，与教师进行充分交流与沟通。 ○ 参会人员针对本次教研主题，分享自己的观察与思考。 ○ 针对预设的问题和会上提出的问题进行深入的思考和讨论，形成解决方案。 **教研会议后的方案落地** ○ 基于本次会议中确定的方案，组织者鼓励教师在班级内部试行，并定期收集反馈。 **确定下一次教研方向** ○ 继续个人或小组实地教研的同时，确定下一次的教研会议主题，鼓励教师在下一次会议召开前，继续搜集资料，带着对这次教研会议的思考前来参会。	○ 教研会议的主题应着眼于哪两方面？ ○ 你知道教研会议存在的目的和意义吗？ ○作为教研会议的组织者，需要做好哪些准备工作？	**操作时间：** 每月两次。 **注意事项：** 1. 会议中鼓励教师将思考与讨论留痕，形成教研记录。 2. 鼓励参会人员积极参与，集思广益，踊跃发言。 3. 单次教研会议结束后，可以依照具体教研方向，给参会人员布置作业或提出思考问题，方便参会人员在日常教学活动中做好记录，并在下一次会议中交流与分享。 4. 教研会议是用集体的智慧来解决个人的困惑，教师们相互启发，相互促进；转变教师观念，统一教育理念；发现保育教育中存在的问题，并共同探究解决方案。	□操作顺序无误 □操作方法无误 □口述内容无误 —————— 是否需要再次考核 □是　　□否 —————— □操作顺序无误 □操作方法无误 □口述内容无误 —————— △通过 △未通过

表 154   检验项目：园所环境创设规划

物品准备	SOP 流程&SOC 检核操作内容	SOC 知识检核	操作指南	备注
○ 环境创设方案计划表、物料申购单	**确定环境创设主题** ○ 确定下月特色节日主题，环境创设主题要符合节日氛围。 **制定与实施方案** ○ 将整体的思路进行整合后，结合园所的空间和材料，进行环境创设方案的制定。 ○ 方案确认无误后，安排环境创设相关人员在合理的时间范围内有序进行申购与环境创设。	○ 你知道园所的公共区域环境创设一般在什么时候进行吗?	**操作时间：** 节日活动或月主题更换前。 **注意事项：** 1. 可以向婴幼儿收集关于主题/节日环境创设的相关意见和建议。 2. 可以邀请婴幼儿一起进行环境创设，部分材料可以邀请婴幼儿一起帮忙收集。 3. 根据主题的推进每月进行一次。 4. 环境创设应包含入口门厅、地面、墙面、悬挂物等。	□操作顺序无误 □操作方法无误 □口述内容无误 ——————— 是否需要再次考核 □是　　□否 ——————— □操作顺序无误 □操作方法无误 □口述内容无误 ——————— △通过 △未通过

表 155　检验项目：带培工作指导与监督

物品准备	SOP 流程&SOC 检核操作内容	SOC 知识检核	操作指南	备注
○ 带培工作用表	**确认人员** ○ 基于对新教师入职一周的观察，初步评估其能力与稳定性，根据新教师的经验背景、性格特点、未来岗位所在年龄段等多方因素，为其指定一名带培师。 ○ 与带培师做好带培指导工作部署，提供文件、新教师相关信息等多元辅助。 ○ 人员确定后，及时反馈给园长、教研院与人力资源部门。 **带培工作督导** ○ 根据带培制度，指导带培师按要求完成各项计划，提醒新教师提交跟岗记录与心得。 ○ 过程中，定期关心带培师与新教师的工作进度和工作状态，根据反馈进行灵活的指导或调整。 **带培工作反馈** ○ 带培工作结束后，根据个人的观察、带培评估记录与结果以及两位教师的反馈，分别对对方的工作进行总结和正向评价，并提出对今后工作的期待。	○ 如何为新教师确定合适的带培师？ ○ 带培师确定后需要告知哪些人员？	**操作时间：** 新教师入职至转正期间。 **注意事项：** 1. 在选择带培师时，不仅要考虑其教学技能和经验，还应考虑其人际沟通能力和对新教师的影响力。确保带培师与新教师在性格、教学风格等方面的匹配。 2. 根据制度要求，带培师的带培计划要明确、具体、与新教师共享。确保所有参与者对期望成果有清晰的理解和认识。 3. 确保带培师和新教师有足够的资源进行培训，包括教学材料、时间、场地等。提供必要的文件和信息支持，如新教师的背景资料、岗位需求等。 4. 建立及时有效的沟通渠道，让带培师和新教师都能方便地反馈问题和获取支持。园长应定期与带培师和新教师进行交流，了解培训进度和遇到的困难。	□操作顺序无误 □操作方法无误 □口述内容无误 —————— 是否需要再次考核 □是　　□否 —————— □操作顺序无误 □操作方法无误 □口述内容无误 —————— △通过 △未通过

表 156   检验项目："一日三巡"

物品准备	SOP 流程&SOC 检核操作内容	SOC 知识检核	操作指南	备注
○ "一日三巡"记录表、笔	**晨巡** ○ 婴幼儿入园前，检查公共区域与教室环境是否做好准备，环境有无安全隐患，当日教学活动所需物料是否准备齐全，教师仪容仪表是合宜，教师是否做好迎接婴幼儿入园的准备。 **午巡或间巡** ○ 婴幼儿入园后至离园期间的针对性巡查。查看教室温度与湿度情况、婴幼儿睡眠监测情况、床上物品摆放情况、婴幼儿体温与出汗情况、午间环境卫生工作是否到位、活动开展情况等。 **晚巡** ○ 婴幼儿离园环节前至离园结束后进行，查看教室与公共区域环境卫生情况、当日家长委托事项落实情况、水电气关闭情况、离园物品整理情况等。 **巡视结果** ○ 遇到可以立刻进行改正的问题，业务主任应立即提醒教师改正。 ○ 遇到无法立即改正的问题，业务主任应进行记录，当天工作结束后可以告知教师，提醒教师进行改正，反复多次出现的问题将在保教会议中重点说明。 **巡视要点** ○ 在时间上做到"晨间巡、午间巡、离园巡"。 ○ 在对象上做到"巡人、巡物、巡环境"。 ○ 在内容上做到"巡保教常规、巡后勤保健、巡安全服务"。 ○ "一日三巡"的过程中，做到客观记录、定向指导、及时反馈、客观评价。	○ 请说出园所"一日三巡"的主要巡视内容。	**操作时间：** 每日。 **注意事项：** 1. 在制定管理细则和工作规划时，可通过教师例会讨论、征求建议等方式将责任目标具体化、明确化，使教师从被动接受任务变为主动策划、实施活动，发挥每个岗位、每名员工的作用。 2. 让全体教职工明确"一日三巡"的目的在于发现问题及时处理，减少工作中的失误；日常巡视不是领导"找茬"，而是规范教师的教育教学行为。 3. 后期可以成立巡视小组，各方联合巡视。	□操作顺序无误 □操作方法无误 □口述内容无误 ＿＿＿＿＿＿＿ 是否需要再次考核 □是　　□否 ＿＿＿＿＿＿＿ □操作顺序无误 □操作方法无误 □口述内容无误 ＿＿＿＿＿＿＿ △通过 △未通过

表 157　检核项目：园长跟岗

物品准备	SOP 流程&SOC 检核操作内容	SOC 知识检核	操作指南	备注
○ 跟岗记录表、跟岗计划、跟岗学习记录反馈表	**制订跟岗计划** ○ 依照园所的保教情况做好跟岗计划，每个月至少 1～2 次（特殊情况特殊安排，每个季度掌握各班级保教工作开展情况）。每次 2 个小时以上，明确跟岗的年龄班级、跟岗的目的，长时间跟岗的目的是发现问题，了解流程制度是否合理。 **安排跟岗** ○ 携带跟岗记录表，进班查看班级一日流程安排、婴幼儿的情况、教师的状态、教师之间的配合情况、保教活动开展质量、婴幼儿进食情况、户外活动情况、环境创设与婴幼儿的游戏互动等。同时，做好相关记录。跟岗过程中不能打断教师的操作。 **指导** ○ 业务主任将当天的跟岗情况反馈给班级的教师，在有问题的环节给予指导和帮助，对不符合工作要求的情况提出改正要求。 ○ 如果是流程制度上的问题，应多渠道深入和全面地了解问题，进行思考和调整。	○ 你知道为什么园长每月都应长时间进班跟岗巡查吗？ ○ 你知道园长进班跟岗巡查的内容有哪些吗？	**操作时间：** 每个季度前 2 周。 **注意事项：** 1. 计划中呈现跟岗的所有具体细节与安排，包括考核的形式和标准等。 2. 园长跟岗过程中，业务主任可以进行巡视指导。 3. 园长跟岗过程中，业务园长不应给教师造成过大压力，应温和友好地在跟岗前与班级教师沟通。 4. 园长进班跟岗每月至少应保证 2 次，每次 2 小时及以上。	□操作顺序无误 □操作方法无误 □口述内容无误 ——— 是否需要再次考核 □是　　□否 ——— □操作顺序无误 □操作方法无误 □口述内容无误 ——— △通过 △未通过

二、行政事务

定义：教学园长的行政事务包括一系列日常管理与策略性统筹工作，目的是确保园区的顺利运营，提升服务质量，维护教育机构的秩序和安全。

意义与目的：

确保运营效率：通过有效的行政管理，教学园长确保所有教育和保育活动顺利进行，资源得到合理配置。

提升教育质量：通过活动策划和家长沟通等行政活动，促进教育质量的提升，加强家园共育。

维护园区安全与和谐：通过组织突发事件演练和处理纠纷等，确保园区的安全和社区的和谐。

原则：

透明性和公开性：所有行政操作应公开透明，确保所有相关人员了解和参与。

及时性和预防性：对于潜在的问题和风险，采取及时和预防性的措施，避免问题发生。

公平性和一致性：在处理纠纷和进行工作部署时，确保所有决策公平且一致，避免偏见。

组成：

1. 组织突发事件演练（见表 158）　　　　2. 活动策划（见表 159）

3. 家长日常沟通（见表 160）　　　　　　4. 家长纠纷处理（见表 161）

5. 家长会工作部署（见表 162）　　　　　6. 网页记录审核（见表 163）

7. 婴幼儿事故率统计与意外事故考勤记录、填报（见表 164）

注意事项：

- 充分的准备和培训：通过开展突发事件演练等安全相关的事务，确保所有员工和婴幼儿都能做好充分的准备和接受良好的培训。

- 积极的家长沟通：建立一个开放和积极的家长沟通机制，确保家长对园区的政策和婴幼儿的发展有充分的了解。

- 详尽的记录和完善的文档管理：所有行政活动和决策都应有详尽的记录，以便未来追踪和参考。

- 灵活的策略和适应性调整：在策划活动和部署工作时，应根据实际情况灵活调整策略。

行政事务工作站
表 158　检核项目：组织突发事件演练

物品准备	SOP 流程&SOC 检核操作内容	SOC 知识检核	操作指南	备注
○ 突发事件演练方案、演练相关物料	**突发事件的演练计划** ○ 每三个月应进行一次突发事故的演练，演练应包含：地震演练、火灾演练、人为意外伤害演练等。 **演练前的准备工作** ○ 在园所内部召开演练前的会议，将确定的方案告知园所全体员工，包含时间地点、参与人员、疏散管理、疏散路线、演练程序等，做到个人职责及演练流程人人知晓。 ○ 成立演练工作领导小组、协助指挥小组、现场警报警戒小组、疏散小组、宣传小组、救护小组等。 **桌面演练** ○ 演练会议中与指挥小组成员共同进行桌面演练，按照预案流程在园所平面图上进行方案演练。 **家长通知** ○ 将开展的演练预案提前3～5天告知家长，说明原因和开展时间，以避免家长在不知情的情况下查看监控时产生焦虑。 **演练与总结优化** ○ 根据紧急预案进行演练。 ○ 演练过程中和演练结束后要做好婴幼儿安抚工作，避免造成婴幼儿心理和情绪影响。 ○ 按照预案流程开展，结束后对本次演练进行梳理和总结，针对方案中出现问题的环节及时进行优化。	○ 你知道应急突发事件演练的频率吗？ ○ 你知道为什么园所要定期开展突发事件演练吗？	**操作时间：** 至少每季度一次。 **注意事项：** 1. 突发事件演练应明确最终的时间目标，要从园所实际出发，设定合理的时间要求，通过经常性的演练逐步提升应急水平，最终达到设定的目标。 2. 要重视对演练效果及组织工作的评估、考核和总结，及时整改存在的问题。 3. 通过演练，可以检验平时预案是否完善，找出不足，也可以检查婴幼儿对避险常识的掌握情况，为全面提升安全管理水平夯实基础。	□操作顺序无误 □操作方法无误 □口述内容无误 是否需要再次考核 □是　□否 □操作顺序无误 □操作方法无误 □口述内容无误 △通过 △未通过

表 159　检核项目：活动策划

物品准备	SOP 流程&SOC 检核操作内容	SOC 知识检核	操作指南	备注
○ 活动策划方案	**确定活动主题内容** ○ 活动开始前一个月，确定本次活动主题。 ○ 活动主题应根据活动的目的来确定，以有亮点、能满足家长需求为宜。 **方案制定** ○ 根据活动主题提出方案，并提供一个备选方案。活动方案要考虑活动的预算和所需人力，合理开销，减少浪费，保证有足够的人力做好家长服务。 ○ 活动的流程设置需统筹动线规划与流程顺畅性，从家长的角度思考每个环节的意义。 ○ 应考虑活动时长、活动开展的时间是否方便家长照护婴幼儿，避免让婴幼儿长时间等待，活动中需准备适量茶点。 **过会讨论** ○ 活动方相关人员和中心主任对活动方案进行过会讨论，对需要修改的内容及时调整。 **方案确定** ○ 内容无误后，确定方案，告知方案所涉及的相关人员开始筹备工作。	○ 你知道制定活动方案应考量哪些因素吗？	**注意事项：** 1. 一场小型的活动至少要在一个月前就确定好举办的时间，不要仓促地举办活动。方案中设定筹备时间节点，督促筹备工作的进展。 2. 一个活动一定要有明确的目标，只有目标明确，团队才能凝聚力量，共同努力。 3. 流畅清晰的流程：一场活动的举办是一个团队相互协调的结果，如果没有一个流畅清晰的流程，很容易出现重复工作、遗漏工作或者协调不到位的问题。在确定活动的主题后，还要制定明确的人员职责安排。 4. 充裕的活动预算：活动资金一直都是最为重要的一点，在举办活动前一定要对活动的开销进行规划。在活动举办的同时，也需要对每一开销进行把控，务必把每一笔支出用在最合理的地方，减少浪费。 5. 良好的沟通：团队协作离不开高效沟通。建议在活动预演中排查潜在问题并制定解决方案，提升突发情况的应对能力。 6. 后续的服务及宣传：活动后续须重视宣传与服务，可通过媒体和参与者社交网络持续传播。	□操作顺序无误 □操作方法无误 □口述内容无误 是否需要再次考核 □是　　□否 □操作顺序无误 □操作方法无误 □口述内容无误 △通过 △未通过

表 160　检核项目：家长日常沟通

物品准备	SOP 流程&SOC 检核操作内容	SOC 知识检核	操作指南	备注
○ 家长沟通记录表	**日常沟通的场景** ○ 业务主任应尽可能做到每日参与早接晚送，目的是维护与每个家庭及婴幼儿的感情。 **询问或分享婴幼儿近况** ○ 保教主任注意对家庭的平等沟通，根据家长个人的意愿和当下的情况，灵活选择沟通方式交流婴幼儿近况。在公众场合不宜谈论婴幼儿成长的不足。 **倾听家长需求** ○ 正常沟通时，对于教师能够处理的情况，保教主任不要越过教师去沟通，当教师有支持需要时，保教主任再给予支持。 ○ 在家长时间允许且有意愿沟通的情况下，教师要耐心仔细地倾听家长对于育儿、班级、园所的疑问、建议或意见，认真记录，并一一给出答复。如果有的问题无法及时回复与协调，应该告知家长原因，请家长耐心等待一些时间（给一个时间期限），再给予回复。 ○ 过程中如发生特殊事件可以单独约家长。 **记录追踪** ○ 沟通结束后，及时记录与家长的沟通反馈。对涉及其他人员的反馈，需及时与相关人员进行沟通协商，针对家长反馈的问题进行处理。 ○ 对家长提出的需求应及时给予回复（紧急事件当日回复，一般事件视情况区分，一般 0~3 日一定要给予有效回复）。	○ 你知道业务主任为什么要经常与家长进行日常沟通吗？ ○ 当从家长那里获得反馈后，应该如何处理？	**操作时间：** 每日。 **注意事项：** 1. 了解婴幼儿和家长是与家长沟通的前提。 2. 注意与家长沟通的地点和时间，判断是否会对其他家长或园所的日常工作造成影响。 3. 根据家长反馈问题的重要程度，酌情采用面对面方式沟通处理结果。 4. 以家长视角，了解家长对于教师、班级与园所的真实反馈；充分发掘、利用家长的教育资源，合力促进婴幼儿全面发展。	□操作顺序无误 □操作方法无误 □口述内容无误 是否需要再次考核 □是　　□否 □操作顺序无误 □操作方法无误 □口述内容无误 △通过 △未通过

表 161　检核项目：家长纠纷处理

物品准备	SOP 流程&SOC 检核操作内容	SOC 知识检核	操作指南	备注
○ 家长沟通记录表	**接受投诉** ○ 业务主任不带偏见，调整自己的情绪，预设最差的结果，温和坚定地接待家长。 ○ 收到投诉时应立即记录以及反馈，同理家长情绪，明确告诉家长需要了解情况，给予家长回复时间。 **了解事件** ○ 在承诺的时间节点前通过多渠道对事件进行了解，查阅监控，了解事实真相。 ○ 了解事件当中，发现有不恰当的地方，要做出改进方案。 ○ 与家长沟通前，向顾问及班级教师了解家长性格等。 **提供方案** ○ 对于有道理的投诉，要真诚道歉。当日应了解事件全貌，收集所有相关投诉内容的信息，并反向追踪事件始末与发生原因，从家长角度给予回复并提出解决方案。这个过程也需要听取家长的意见。 ○ 对于因误解而投诉，要真诚地表示歉意，理解家长的心情，解释事件原委，消除误解，同时告知家长，他所在意的问题园所会严格预防，一次误会当作提醒。 ○ 对于没有道理的投诉，要同理家长的情绪和担忧，讲解园所的具体情况，阐明事件始末并清楚地告知园所行为的教育目的，不合理的诉求理应坚定温和地拒绝。 **处理追踪** ○ 对于有道理的投诉，要根据方案及时处理，并追踪事件的处理过程和结果，再一次约谈家长并反馈情况（紧急事件当日回复），事件后的跟踪期应维持1～2个月。需要特别注意的是，防止类似的事件再次发生。 ○ 对于因误解/没有道理而投诉，要持续积极地和家长沟通，或通过与家长关系较好的班级教师联络感情，关心婴幼儿近况。	○ 你知道为什么管理层需要先平复心情，不带偏见和情绪地面对投诉吗？	**操作时间：** 遭遇家长投诉时。 **注意事项：** 1. 家长情绪激动或抗拒进入会客间，业务主任可以要求班级教师或其他工作人员将其他家长和婴幼儿疏散，并做好解释工作。 2. 态度和情绪具有感染力，当管理层以中立的态度、平和的心态面对投诉，家长的情绪也会逐渐缓和下来，利于后续的沟通工作；另外，管理层作为沟通协调人，需要保持中立的态度，让家长感受到信任和支持。	□ 操作顺序无误 □ 操作方法无误 □ 口述内容无误 ———————— 是否需要再次考核 □ 是　　□ 否 ———————— □ 操作顺序无误 □ 操作方法无误 □ 口述内容无误 ———————— △ 通过 △ 未通过

表 162　检核项目：家长会工作部署

物品准备	SOP 流程&SOC 检核操作内容	SOC 知识检核	操作指南	备注
○ 家长会计划、家长会开展方案	**制订家长会召开计划** ○ 与班级教师开会，明确家长会的日期、会议时长、会议地点、需要准备的环境及物资，请教师撰写家长会计划，与教师明确家长会需要布置的各项事件。 **审核各班家长会计划** ○ 家长会计划应包含：班级基本情况介绍、教师基本情况介绍、本学期的班级一日流程、学期成长目标与计划、婴幼儿身体成长目标、班级教育活动阶段目标、班级规则与事务公知、班级每月活动行事历、园所活动行事历、课程主题分享、家园合作事项、入园准备、资料搜集、园所交代的其他事务等。 **家长会计划试讲** ○ 教师制作家长会 PPT，并逐一与业务主任试讲，梳理会上的演讲内容及班级接待计划。 **家长会筹备** ○结合园所路线，行政后勤人员协同支持家长会（果点、路线引导、鞋套或袜子、背景音乐等），班级布置好桌椅、电子媒体预备、纸笔、水饮、果点等。 **复盘** ○ 家长会结束后进行复盘，每位教师都应分享会后的家长反馈，寻找亮点与不足。	○ 班级家长会的召开需要向家长布置哪些工作？	**操作时间：** 学期初或学期结尾。 **注意事项：** 各班级可以根据家长需求，在家长会上提供简短的各月龄阶段婴幼儿的发展特点以及科学育儿的指导建议。	□操作顺序无误 □操作方法无误 □口述内容无误 是否需要再次考核 □是　　□否 □操作顺序无误 □操作方法无误 □口述内容无误 △通过 △未通过

表 163   检核项目：网页记录审核

物品准备	SOP 流程&SOC 检核操作内容	SOC 知识检核	操作指南	备注
○ 笔记本电脑	**打开网页** ○ 在电脑上打开园所管理端网页，阅读教师提交审核的内容，阅读各班无须审核发出的内容，原则上当日提交的审核应当日阅读完成。 **内容核对** ○ 照片类：审核教师选择的照片是否恰当（环境、其他婴幼儿有无危险行为、仪容行止），有无上传错误的情况。 ○ 生活记录类：每日须进行生活记录，通过查看日汇总表，判断记录中是否有漏项，记录有无明显的错误（吃饭、睡觉时间是否有错误）。 ○ 分享表述类：审核有无错别字，教师的文字表达是否会产生歧义和被曲解，有无不适宜的表达。 ○ 观察记录：将记录内容与七大领域能力发展目标及有效学习特征等指标进行匹配核对。 ○ 公告类：审核公告信息或上传内容是否有误，是否及时更新。 **审批** ○ 对存在问题的记录，教学园长予以退回，请教师修改后再次提交。 ○ 内容审核通过无误后提交。	○ 你知道教师提交的审核应多久审核完成吗？ ○ 进行内容核对时，各类不同的信息应如何审核？	**操作时间：** 每日。 **注意事项：** 1. 对记录中的小问题，如错别字，业务主任可以自行处理后直接提交。 2. 对记录内容长期不达标的教师，可以进行约谈，询问教师的困惑，并进行答疑和指导。 3. 若园区超 30% 以上的教师存在内容记录不合规的情况，则应及时开展集中培训。	□操作顺序无误 □操作方法无误 □口述内容无误 —————— 是否需要再次考核 □是　　□否 □操作顺序无误 □操作方法无误 □口述内容无误 —————— △通过 △未通过

表 164   检核项目：婴幼儿事故率统计与意外事故、考勤记录填报

物品准备	SOP 流程&SOC 检核操作内容	SOC 知识检核	操作指南	备注
○ 婴幼儿事故率统计表、意外事故报表、考勤记录表	**婴幼儿事故率统计表填报** ○ 每周统计一次全园各班的事故发生频率，并统计哪类意外事故、哪个年龄层、哪个班级、哪个时间段发生事故的频率最高，寻找事故发生的原因，做好应对策略。 **意外事故报表填报** ○ 意外事故发生的填报时间是每次事故处理后，应写明受伤婴幼儿的基本情况、伤情、受伤原因、事件发生经过、教职工人员的处理经过、医疗救助的手段、与家长沟通的情况、家长的反馈以及处理的最终结果、对相应人员施以的处理手段。 **婴幼儿考勤记录** ○ 每周一次，从门禁系统中导出全园各班婴幼儿的出勤记录，并分类统计各班的迟到人数和天数、请假情况与事由，整理后分享给各班教师，用于之后的出勤管理。	○ 你知道为什么要进行婴幼儿事故率的统计与填报吗？ ○ 意外事故填报应包含哪些信息？	**操作时间：** 婴幼儿考勤记录与事故率统计每周一次，意外事故填报每发生一起填报一次。 **注意事项：** 根据事故的真实数据填报，寻找事故发生的原因，寻找最佳的应对策略，避免出现同样的事故或问题。	□操作顺序无误 □操作方法无误 □口述内容无误 是否需要再次考核 □是 □否 □操作顺序无误 □操作方法无误 □口述内容无误 △通过 △未通过